元宇宙产业未来

韩一 杨蓉 王巍巍 ◎ 著

元宇宙赋能产业经济

中国纺织出版社有限公司

内 容 提 要

互联网新风口——元宇宙的概念正火，诸多科技巨头纷纷布局，力求在元宇宙中抢占先机。那么，元宇宙是什么？能带来哪些改变？各行各业又将受到哪些影响？本书从关键技术、产业图景以及未来展望等方面对元宇宙的新技术应用进行全面详尽的解读，剖析了重点产业，如办公、电商、工业、金融、游戏社交、艺术文旅、教育、医疗健康、政务等领域的改变，有助于各行各业从业者、企业管理者、投资者等大众读者了解元宇宙产业的未来，更好地把握元宇宙为各产业带来的新机遇。

图书在版编目（CIP）数据

元宇宙产业未来 / 韩一，杨蓉，王巍巍著. ——北京：中国纺织出版社有限公司，2024.1
ISBN 978-7-5229-0973-8

Ⅰ.①元… Ⅱ.①韩… ②杨… ③王… Ⅲ.①信息产业－产业发展－研究－中国 Ⅳ.①F492.3

中国国家版本馆CIP数据核字（2023）第166129号

责任编辑：曹炳镝 段子君 于 泽　　责任校对：高 涵
责任印制：储志伟

中国纺织出版社有限公司出版发行
地址：北京市朝阳区百子湾东里 A407 号楼　邮政编码：100124
销售电话：010—67004422　传真：010—87155801
http://www.c-textilep.com
中国纺织出版社天猫旗舰店
官方微博 http://weibo.com/2119887771
天津千鹤文化传播有限公司印刷　各地新华书店经销
2024 年 1 月第 1 版第 1 次印刷
开本：710×1000　1/16　印张：12.5
字数：105 千字　定价：58.00 元

凡购本书，如有缺页、倒页、脱页，由本社图书营销中心调换

前言

元宇宙将改变人类思维方式

元宇宙作为互联网发展的新风口，必将对人类的学习、生活、工作产生革命性影响。其实，元宇宙最终改变的是人类的思维方式。

人类的思维方式决定人类的行为方式。通过真实思维的运行，我们对这个世界有了自己的认知和判断。毕竟，真实思维就是我们的大脑对客观事物进行感官观察后形成理解记忆，再通过分析、概括等手段对客观事物形成一种认知。

但是，随着元宇宙概念的出现，以及支持元宇宙构建逐步完善的新一代信息技术的更迭，真实世界发生的一切是可以通过技术映射到虚拟世界中，而人们通过XR设备能够"进入"虚拟世界。

当感官通过设备"感受"虚拟世界时，思维也将发生变化。

与真实思维相对的是虚拟思维，虚拟思维指的是人脑和电脑对客观事物和虚拟现实的直接或间接的概括。虚拟思维不仅是大脑对外部世界的认知，也是电脑借助人类内在语言和电脑语言对外部世界的客观概括。

虚拟思维的出现早于元宇宙概念，而元宇宙的出现将基于虚拟思维的方式介入并改变人们的真实思维。抛开抽象概念，元宇宙改变人类思维最直接的表现为人机互动，也就是通过XR设备等来改变人类的思维方式。

在元宇宙概念出现之前，人们对 XR 穿戴设备的认识是基于游戏——通过穿戴设备让自己深度沉浸于游戏中。这种行为并非思维方式改变而导致，当元宇宙出现后，越来越多的人意识到自己能通过技术方式进入虚拟世界，这时候，人们对 XR 设备、AI 智能和人机互动的认知也发生了改变。

因为元宇宙给我们提供了一个创意无限、可以自我构架、自我设计、自我发挥的全新空间。这个全新空间在现实物理世界中是很难实现的，因此，人类开始思索如何让自己置身于虚拟世界。当遐想通过技术变为现实时，哪怕只有百分之十甚至更少的"可能"，也足以改变所有人的思维。

元宇宙的出现，让人们在学习、生活、工作、娱乐等方面有了更多的选择，也改变了人们原本的思维方式。

从现金支付到手机支付，从"掏钱包"到"扫一扫"，这是支付方式的改变。然而，支付方式的改变，不仅是因为技术引领了支付改革，实质上更是因为人们改变了支付的思维方式。

因此，元宇宙必然会改变人们的思维方式，这种改变不是突然介入，而是以技术更迭的形式融入思维，是将真实思维与虚拟思维相互协调，从而生成全新的思维方式。

韩一

2023 年 5 月

目录

第一部分 认知基础：元宇宙底层框架

第一章 深刻认识——从概念细聊元宇宙 / 3

01 科幻终将成为现实——元宇宙是科技发展的结晶 / 4

02 霸权争夺即将打响——科技巨头和初创企业之间的生存博弈 / 5

03 一个永无止境的虚拟世界——元宇宙是否会止步于概念 / 9

第二章 放眼全球——产业元宇宙发展蓝图 / 13

01 美国入局元宇宙——科技巨头纷纷布局元宇宙 / 14

02 欧盟布局元宇宙——欧洲元宇宙能否壮大 / 17

03 元宇宙对于亚洲地区是一个机会——亚洲将在这一轮元宇宙竞赛中脱颖而出 / 20

04 中国的元宇宙之路——实践"脱虚向实" / 24

第三章 用数字表达——精准剖析元宇宙 / 29

01 元宇宙五大地基技术——计算技术、存储技术、网络技术、系统安全技术、人工智能技术 / 30

02 元宇宙五大关键技术——区块链、增强现实和虚拟现实、边缘计算、三维重建、物联网 / 35

03 元宇宙六层基本架构——支撑技术层、硬件层、系统层、软件层、应用层、经济层 / 39

04 元宇宙七大优势——体验、发现、创作者经济、空间计算、去中心化、人机交互、基础设施 / 42

05 元宇宙八大关键特征——身份、朋友、沉浸感、低延迟、多样性、随地、经济、文明 / 44

第四章 数字底座——源于数字，终于数字 / 49

01 数字孪生是什么——数字孪生已经在影响人们的生活 / 50

02 数字孪生和元宇宙——数字孪生与元宇宙是"捆绑关系" / 52

03 数字孪生的应用场景——元宇宙底座技术数字孪生正在影响人类 / 54

第五章 辅助工具——逐渐成熟的区块链技术 / 59

01 漫长的技术成长之路——区块链技术从理想走进现实 / 60

02 元宇宙的经济系统——不可或缺的经济系统 / 61

03 区块链与元宇宙——区块链推进元宇宙从科幻走进现实 / 62

第六章 从小到大——从技术上聊元宇宙的发展 / 65

01 三年发展——从技术上看元宇宙变化 / 66

02 技术成熟的五个阶段——元宇宙目前处在哪个阶段 / 68

03 未来技术的应用——元宇宙应用场景一览 / 71

小结——元宇宙不是简单的 Web 3.0 / 73

第二部分　行业落地：元宇宙×行业落地

第七章　未来商业——元宇宙将改变传统资本 / 77

01 把"梦想"打造成职业——每个人都有机会"跨行"成功 / 78

02 元宇宙世界的场景——带来全新体验 / 80

03 元宇宙的新兴职业——元宇宙为职业创造更多可能 / 82

第八章　元宇宙+办公——每个人都拥有更多可能 / 87

01 线上办公模式再升级——全员沉浸式办公，工作模式大变革 / 88

02 工作场所进化论——不只是简单的线上会议，而是元宇宙办公 / 90

03 元宇宙在职场中的实际应用——选拔人才不再受时间、地域局限 / 92

04 已经照进现实的场景应用——办公领域中的元宇宙技术应用一览 / 95

第九章　元宇宙+电商：离元宇宙最近的产业 / 99

01 元宇宙打破电商瓶颈——新玩法推动电商产业发展 / 100

02 营销新生态不再是"以人为本"——代言人虚拟化将更益于商家 / 103

03 传统电商在布局中加入元宇宙技术——新时代的消费者正在体验虚拟消费 / 106

第十章　元宇宙+工业：智能制造的未来前途 / 109

01 智能制造升级正在应用于元宇宙——从科幻电影看重工硬件和工业自动化产品 / 110

02 赋能工业设计——提供智能制造场景 / 114

03 人工智能的应用——智能制造的改变 / 117

第十一章　元宇宙+金融：虚实交融共进下的金融体系 / 121

01 金融领域的改变——虚拟员工与虚拟网点正在服务客户 / 122

02 数字技术创造价值——元宇宙为金融带来"硬核技术" / 126

第十二章　元宇宙+游戏社交：虚拟让我们体验充满想象的娱乐 / 131

01 游戏是元宇宙的基础形态——瞄准元宇宙推出游戏产品 / 132

02 聚焦沉浸式场景应用——NFT游戏带来新可能 / 136

03 元宇宙开启线上社交新体验——虚拟形象、虚拟场景 / 139

04 元宇宙开启社交4.0时代——让更多人进行"有效社交" / 142

第十三章　元宇宙+艺术文旅：元宇宙使艺术百花齐放 / 145

01 元宇宙开启虚拟艺术和虚拟文化——一件虚拟艺术品是否具有收藏价值 / 146

02 元宇宙打开跨媒体叙事新视野——央视网"小小撒"引领一场媒体革命 / 148

03 元宇宙推进电影的蓬勃发展——戴上XR设备让观影者彻底进入电影 / 150

04 打造元宇宙演唱会创新体验——十三位虚拟偶像演绎《我们的时代》/ 152

05 虚实共生，开启文旅产业新未来——元宇宙应用解锁文旅生活新方式 / 154

第十四章　元宇宙+教育：师生共进虚拟世界 / 157

01　元宇宙浸透教学多环节——搭建学校虚拟场景 / 158

02　数字人技术应用于教学——数字人老师为教育注入活力 / 160

03　元宇宙解锁教育新模式——带来沉浸式学习新体验 / 162

第十五章　元宇宙+医疗健康：超强大脑打开医学新世界 / 165

01　元宇宙构建医疗新格局——智能技术应用于每一台手术 / 166

02　智能医疗使疾病无处可藏——未来科技将延长人类寿命 / 168

第十六章　元宇宙+政务：元宇宙是政府数字化转型新引擎 / 171

01　政务元宇宙——概念、核心要素、总体架构 / 172

02　元宇宙提升服务效率——入口数字人化、空间虚拟化、场景泛在化在治理中的实际作用 / 176

03　政务元宇宙的政务服务应用——从元宇宙应用场景看政务改革 / 180

04　元宇宙城市与社区管理——元宇宙城市空间规划与社区建设 / 184

小结——一切都在发展中不断完善 / 188

第一部分
认知基础:元宇宙底层框架

第一章
深刻认识——从概念细聊元宇宙

对于如何定义元宇宙，人们一直都有不同的观点。不过，通过对元宇宙概念的"考古"，可以确定的是，现在人们所研究的"元宇宙"与出版于1992年的科幻小说《雪崩》中的"元宇宙"截然不同。

准确地说，元宇宙不是一个新概念、新技术，它更像在扩展现实、区块链、云计算、数字孪生等技术下的概念具化。

每一个新事物必须有一个能够概括它的"概念"。2022年9月13日，全国科学技术名词审定委员会举行元宇宙及核心术语概念研讨会，与会专家学者经过深入研讨，将"元宇宙"释义为"人类运用数字技术构建的、由现实世界映射或超越现实世界、可与现实世界交互的虚拟世界"。

01 科幻终将成为现实——元宇宙是科技发展的结晶

发展是无止境的，以无线网络为例，从 21 世纪初使用的 2G 网络到手机上网无限畅通的 4G 网络，再到时下顺势而起的 5G 网络，以及已经出现概念的 6G 网络，在接下来的五年、十年，无线网络将会陆续升级。所以，仅无线网络的升级都有无限可能，更不用说近年来势汹汹的人工智能（AI）、扩展现实（XR）设备、物联网、数字孪生等科技。

从这类科技发展模式中，我们不难发现科技发展从被动模式到主动模式的转变。被动模式是指在大量试错的前提下获取成功；主动模式则是指通过减少试错，更精准获取成功的模式。

以人工智能机器人为例，自 20 世纪 50 年代人工智能研究领域诞生以来，人工智能便从被动模式转到主动模式。20 世纪 60 年代，工业机器人迅速发展，但这一时期的工业机器人只是进行简单重复操作的机械臂，到了 20 世纪 70 年代，工业创新出有视觉、触觉和肢体控制系统的机器人。20 世纪 70~90 年代，智能机器人以玩具的形式开始进入主流消费市场。

在21世纪之前，机器人呈现被动模式发展，机械臂、机器人玩具等多种形式的机器人透露出一个重要信号——人类正在通过智能技术研发性能更佳的机器人。

进入21世纪后，许多具有里程碑意义的创新诞生，智能机器人转向主动模式。从进入研发开始，应用更优算法和更强大处理器的机器人越来越多，主动模式标志着减少试错，更大可能提高机器人的性能。

由此可见，元宇宙的发展绝不是一蹴而就，需要长期地设计、迭代，也需要人们不断地学习，包括对世界规律的理解、对新鲜事物原理的理解、对高层规律的掌握。只有不断地学习，才能够充分掌握现实物理世界的发展规律，从而使元宇宙更完善。

显然，目前的元宇宙与成熟阶段相去甚远，一旦技术达到一定水平，势必会推进元宇宙从科幻转变为现实。

02 霸权争夺即将打响——科技巨头和初创企业之间的生存博弈

近年来，我们不难看出领先世界的科技巨头已经在人工智能领域进行大规模布局，同时，一批"独角兽"公司横空出世，一场巨头和创业公司之间的博弈正在悄然展开。

我们先来看一下布局元宇宙大型科技巨头，这类公司大致分为三类：

第一类，拼尽全力型。这类企业想以元宇宙为契机，引领互联网进入下一轮发展。这类企业在入局元宇宙后属于拼尽全力型，态度积极且坚定。

第二类，欲拒还迎型。这类企业大多不仅是移动互联网的佼佼者、胜利者，还是站在关键入口地位的互联网移动规矩的制定者。这类企业对于元宇宙的态度很模糊，并不积极但也不拒绝布局元宇宙。

第三类，浅尝辄止型。这类企业大多拥有元宇宙发展必需的能力。所以，这类企业虽然没有布局元宇宙，却在立足自己优势能力的基础上对外延伸。对推动元宇宙发展来说，这类企业就是浅尝辄止型的。

以上就是科技巨头企业入局元宇宙的三个类别。其实，脸书（Facebook）在十分积极地布局元宇宙。脸书在2021年6月宣布组建元宇宙小组，甚至将公司的名称直接改为Meta，其拥抱元宇宙的态度可以说无比坚定。

苹果公司对元宇宙的布局实际行动上一点也不含糊。迄今为止苹果公司并没有推出AR硬件，但是，苹果公司申请了大量与AR眼镜相关的专利，例如"视网膜直接投影技术"（Direct Retinal Projector）专门用来处理轻便可戴设备难以实现AR成像的问题；而"可变焦透镜系统"

（Tunable and Foveated Lens Systems）则被用来解决近视人群使用 AR 眼镜的问题。

毫无疑问地，这些专利展现出苹果公司对 AR 极为浓厚的兴趣，以及苹果对 AR 硬件的深入思考，这些专利为苹果公司推出 AR 硬件做好了铺设，从而有利于维持其优势地位。

对于亚马逊来说，元宇宙是其主要业务所依托的技术"终极目标"。亚马逊的主要业务在零售业，AR、VR 等技术在零售领域进行了升级，比如，亚马逊推出了一款名为 Room Decorator 的 AR 购物工具，该工具支持用户在个人空间里可视化地查看家具和其他家装饰品。也就是说，这款购物工具让用户足不出户就能通过更直接、新颖的方式体验购物。

由此可见，元宇宙时代的到来将有利于亚马逊零售业的创新，从而带动亚马逊主体业务利润提升。亚马逊对元宇宙持有积极推动的态度，但其重点精准地放在能够有利于自身优势发展的方面。

除了国内外科技巨头，还有很多创新企业也在入局元宇宙，甚至是布局元宇宙。不过，创新企业不管是财力、物力还是人力方面，相比科技巨头都薄弱很多。因此，创新企业在入局元宇宙时，往往以"精益求精"的态度，对元宇宙某一项或某几项技术进行深耕。

例如，被称为元宇宙重要入口的 XR 设备，包括虚拟现实（VR）、增强现实（AR）、混合现实（MR）等技术，近两年更是成为国内外企业和市场的押注方向。2021年，全球XR赛道共发生316起投融资事件，2022年也高达259起。从融资事件可以清晰地发现近两年很多新创企业、创业公司以元宇宙中的一项技术为主要业务在入局元宇宙的"混战"中获取资本支持，可以说科技巨头布局元宇宙的同时，资本也在"培植"属于自己的元宇宙创新企业。

当然，混战只是一个过程，大部分科技创新企业将走上三条路：第一条路就是凭借自己的技术优势，最终被科技巨头收购，在发展原公司主营业务的同时，摆脱自己在元宇宙红海挣扎的命运，依附于科技巨头；第二条路则是在发展中得到资本的大力支持，最终从一个创新企业发展为能够在某项或某几项技术上与科技巨头相抗衡的"黑马"企业，或在资本的培植下一跃成为新的"独角兽"企业；第三条路则是在竞争的道路上，既得不到科技巨头的青睐，也无法获取资本的支持，最终在浩浩荡荡入局元宇宙的企业大军中销声匿迹。

每个新事物产生的前期都会有这样一个过程，这个过程重复着"承认—否定"，就好比目前大多数人承认元宇宙这个概念的同时，却否定了这个概念会成为现实。

03 一个永无止境的虚拟世界——元宇宙是否会止步于概念

首先,我们要理解"概念"的含义,概念指的是在头脑里所形成的反映对象的本质属性的思维形式。

"元宇宙"不只是一个概念,它也绝不会止步于概念。这就好比一个辩题,需要用论据来证明,为什么元宇宙终会突破概念,成为现实。

不得不承认,当前多数人还是将元宇宙发展定义为概念,或者认为元宇宙的发展大多只停留在概念阶段。

实际上,如果以阶段划分,就直接反驳了"元宇宙是概念"的辩题,因为元宇宙发展将会经历三个阶段:

第一个阶段,游戏阶段。元宇宙概念虽然是由小说《雪崩》而来,但是,众所周知,在现实世界中最接近元宇宙概念的就是沙盒游戏。游戏是元宇宙的雏形,这种说法并没有错,在这个雏形的基础上,元宇宙慢慢延伸到社交、娱乐、工业等方面。

第二个阶段,数字孪生。元宇宙的第二个阶段伴随着数字孪生技术的发展,这项技术已经渗透到了制造业领域、工业领域,可以说数字孪生是生产环节的重要支撑手段。这一手段也是元宇宙发展过程中的技术底座。

第三个阶段,虚实共生。这是元宇宙最终与物理现实世界共存的唯一模式。在这种状态下,物理世界所有物体都将在虚拟世界中存在,人类将通过"人机互动"等方式,穿行于现实世界与虚拟世界。

所以,元宇宙正在脱离概念,因为数字孪生作为重要技术已经在工业和制造业中被充分利用,所以,以数字孪生为底座技术的元宇宙,开始表现出不再止步于概念的一面。

元宇宙的概念最早来自科幻作家史蒂文森1992年创作的科幻小说《雪崩》,在小说里,元宇宙实际上就是一个平行于现实世界的网络世界,人们在这个网络世界里展现出不一样的自己。

但是在元宇宙发展的过程中,随着虚拟现实、VR设备等各类型技术的快速发展,元宇宙似乎走过了概念阶段,正在走向实质性的产业探索阶段。正如上文所述,元宇宙正在逐步离开概念,走向前台。

知名科技巨头包括脸书、英伟达、谷歌、微软、腾讯、亚马逊、门户互联网网站等科技巨头都纷纷参与其中,并且,多地也在通过建立元宇宙产业园的方式推动元宇宙产业的发展。

元宇宙走向现实的表现可以归纳为三点:首先,产业条件的逐步成熟，比如5G网络的应用与普及，XR技术的快速发展，以及应用场景的多样化都弥补了简单投射短板，创造了虚拟技术融合现实世界的沉浸感；其次，元宇宙应用场景的实质性拓展，比如数字人成为现实世界与虚拟世界的连接点，包括央视网在兔年网络春晚上推出的数字人主持人"小小撒"，足以说明数字人已经从虚拟世界应用到现实世界；最后，数字孪生技术的成熟与应用，以及云计算、5G、大数据、人工智能等技术支持，都使元宇宙脱离概念，走向现实。

元宇宙不会止步于概念，但也不会很快被搭建出来，毕竟元宇宙是需要呈现现实世界的，而当前的数字孪生技术并没有达到能够将现实世界孪生出虚拟世界的高度。因此，对于元宇宙的发展，我们应该给予它更多的时间、更大的耐心、更宽容的态度，元宇宙从脱离概念到搭建，将是物理现实世界中科学技术发展的里程碑。

第二章
放眼全球——产业元宇宙发展蓝图

每个事物的出现都有其不同的目标，元宇宙亦是如此。元宇宙所描绘的目标，应该是人类对物理世界和虚拟世界大胆的设想，是Web1.0时代跨向Web2.0时代后的又一次畅想，是互联网发展设定的一个终极目标。

和互联网发展历程一样，从元宇宙概念出现至今，世界各国对于元宇宙都持有自己的态度和行事准则。总体来说，就是欧美国家态度保守，日韩积极布局，中国则是稳中求进。

01　美国入局元宇宙——科技巨头纷纷布局元宇宙

美国科技巨头企业很多，美国也是元宇宙领域技术最发达的国家之一，在元宇宙基础技术领域，以 GPU 底层算力的英伟达有交互式 AI 化身的技术平台 Omniverse Avatar 打头阵，而且 Omniverse Avatar 有较深的数字孪生基础；Epic Games 在虚幻引擎等技术方面走在前沿；Meta Quest、微软 Hololens 拥有全球领先的 VR、AR 设备。

美国的一些科技企业布局元宇宙从来都是直接且积极的，比如，Epic Games 创始人 Tim Sweeney 一直强调其旗下的《堡垒之夜》作为元宇宙平台的意义；Roblox 将元宇宙一词写入招股说明书；脸书更是希望成为一家元宇宙公司。

从这些科技巨头企业的身上，能看到其对元宇宙持有热情与积极的态度。此外，就连对元宇宙并不是很积极的苹果公司和谷歌也都暗中使劲，在技术专利方面收获满满。

总体来说，美国科技企业对元宇宙的兴趣非常大。

比起美国科技巨头的积极，美国政府层面则冷静得多，个人数据安全和隐私保护是目前元宇宙发展中一个难题。在互联网飞速发展的今天，个人数据安全和隐私实际上已经存在种种隐患。

美国政府更关注数据安全，在技术上，美国政府鼓励而非阻碍先进领域的发展，但是技术不断进步和壮大的同时，美国政府也努力地促进技术产业之间的共享。令人关注的是，一旦技术在社会各个方面共享，随之而来的就是隐私、知识产权等领域的问题，美国政府如何出台既能推进技术发展，又能最大限度保护个人数据安全的创新政策，成为元宇宙在美国发展的关键点。

众所周知，元宇宙涉及非同质化代币（NFT）、区块链等，这就代表元宇宙必然会使用智能合约。智能合约本身可能违反美国相关数据保护法，因此，美国政府对元宇宙的保守也是出于对元宇宙涉及使用智能合约的警惕。

不过，在推动元宇宙发展的过程中，美国政府在这方面一直做出自己的努力：在 2019 年，美国国会通过了《政府虚拟现实技术法案》（*VR TECHS in Government Act of 2019*），提议创建联邦政府现实技术可用性咨询委员会（The Federal Advisory Committee On The Usability Of Reality Technologies Within The Federal Government），为政府发展虚拟现实（VR）、增强现实（AR）、混合现实（MR）技术提供政策咨询意见；《2021 年美国创新和竞争法案》（*The 2021 U.S Innovation and Competition*

Act）将沉浸式技术（Immersive Technology）确定为重点领域十大关键技术之一，提出要提升这一技术的全球竞争力；2022年通过的《芯片和科学法案》也将沉浸式技术作为重点支持领域之一。

所以，发展元宇宙对于美国来说，在技术无法突破摈弃智能合约的前提下，必然会出台多种措施、政策，以保护数据安全。

比如，2021年10月，美国两党参议员提出《政府对人工智能数据的所有权和监督法案》，要求对联邦人工智能系统涉及的数据特别是面部识别数据进行监管，并要求联邦政府建立人工智能工作组，以确保政府承包商能够负责任地使用人工智能技术收集的生物识别数据。

这一新规定的出台，体现了美国政府对基于数据与身份识别数字化的谨慎态度。归根结底，美国政府还是对于智能合约潜在的安全问题持有谨慎态度，这一态度直接影响了美国政府布局元宇宙的做法。

以AR、VR技术为例，美国科技巨头大多已经入局AR、VR技术，包括目前没有出产硬件却拥有多项专利的一些科技巨头。AR、VR技术在美国，一方面被用于提高公共服务，增加劳动者就业，另一方面被严控监管，原因是AR、VR技术涉及大量的个人数据及个人隐私。即便如此，元宇宙技术在美国还是得到了飞速发展。

可以说，美国是元宇宙发展最为成熟的国家之一。以元宇宙元年

2020年为时间节点，美国的元宇宙市场一直在快速增长。脸书、谷歌、亚马逊、微软等大型科技公司都已经开始在元宇宙领域进行布局，并且拥有了自己的元宇宙平台。此外，美国还有许多初创企业致力于开发元宇宙相关技术和平台。

02 欧盟布局元宇宙——欧洲元宇宙能否壮大

欧洲科技巨头似乎对元宇宙的兴趣不大，相反，欧洲很多小众企业入局元宇宙。近几年，很少有欧洲科技巨头布局元宇宙。

以虚拟现实平台为例，美国有微软和苹果公司等科技巨头唱主角，Roblox 和 Decentraland 已经提供了受欢迎的原型元宇宙平台；亚洲也有 TikTok 和 VR 品牌 Pico 的母公司字节跳动在元宇宙中深入布局，此外，华为、腾讯和 Sandbox 等公司同样不容小觑。但是欧洲呢？

慕尼黑虚拟现实平台 VRdirect 联合创始人 Rolf Illenberger 表示："现实情况是，没有一家欧洲大型科技公司与未来的元宇宙相关。"

在欧洲，大多是小众运营商和初创企业在入局元宇宙，比如，芬兰 VR 头显设备制造商 Varjo 和爱沙尼亚的虚拟化身平台 Ready Player Me，值得一提的是，Ready Player Me 是一个跨游戏虚拟角色平台，由风投巨头 Andreessen Horowitz 领投 5600 万美元融资。

在动辄巨额资本投入进去的元宇宙市场，小众企业即便有资本注入，也显得在元宇宙这条路上步履艰难。毕竟，相比独角兽企业层出不穷的美国和亚洲，欧洲本身就缺少独角兽企业。更何况，在资本方面，欧洲的风险融资规模远远落后于美国，因此欧洲元宇宙更像是小众玩家的聚会。

当然，欧洲元宇宙的发展中不能忽视另一个因素——人才因素。芬兰一家入局元宇宙的公司，因为缺乏人才而面临整个公司或将元宇宙相关业务移出主要业务范畴。欧洲很多小众企业无法通过有吸引力的薪资留下技术人才，虽然欧洲也有顶尖学府培养出来的顶尖技术人才，但在个人薪资、待遇面前，大都选择了待遇更高的硅谷。

当小众企业无法支付更高薪酬时，大量人才便流向美国、亚洲。若欧洲小众企业如果得到资本支持就能在元宇宙的赛道上更好地布局，元宇宙出现多年，在欧洲市场一直属于非主流，直到近两年元宇宙才在欧洲悄悄地进入主流赛道。

刚刚进入主流赛道，欧洲各国政府对元宇宙的监管也是毫不犹豫。近年来，随着元宇宙概念的水涨船高，在欧洲，元宇宙的一些应用已经发生质的变化，比如，在出色的游戏行业，德国工业经济为元宇宙 B2B 提供了有利的基础。

元宇宙产业刚刚显现出来积极向上的矛头，很快就被严格甚至苛刻的监管打压下去。和美国政府的出发点一致，欧盟立法者认为，强有力的数据保护是一种竞争优势，然而，在过度监管下，元宇宙的发展必将受到阻碍。

先不说元宇宙使用的智能合约，仅用一个外置摄像头来识别周围环境的现实头盔，就违反了欧盟对个人隐私的保护，因为任何人都会被这个外置摄像头意外拍摄到。在现实中的公共场所，它的使用是违法的，然而，它是元宇宙的基本存在。

为了使用VR设备不违法，就要有一个单独可以使用VR设备的空间，比如科技巨头西门子为了降低违法风险，推出了专门的VR房间。这个举措就好比有人需要在公园里拍摄一段视频，然而公园里人来人往，视频中必然出现陌生人，拍到陌生人就被认定为侵犯了他人肖像权，为了避免侵犯他人肖像权，可以打造一个一次只能进一人拍摄的公园。

所以，这样的设备设施及空间对一般企业来说难以承担，而且，欧洲布局元宇宙的大都是小众企业，大多不能像西门子一样有充足的资金。更何况，元宇宙的初衷是搭建一个与现实世界一模一样的虚拟世界，也就是说，一草一木、每一栋建筑物都是一样的，如果这个摄像头不能通过外在环境拍摄，那么元宇宙是无法搭建成功的。

由此可见，元宇宙在欧洲的发展，受到了种种制约，不仅是只有小众企业入局，在技术上无法与美国、亚洲部分国家相比，在监管上更无法"大展手脚"。元宇宙在欧洲的发展之路道阻且长。

03 元宇宙对于亚洲地区是一个机会——亚洲将在这一轮元宇宙竞赛中脱颖而出

2022年11月，德勤的一份新报告显示，元宇宙可能对亚洲经济产生"变革性影响"。德勤研究了元宇宙对12个亚洲经济体的潜在影响，指出：到2035年，元宇宙对亚洲地区生产总值的贡献在每年可能达到8000亿~14000亿美元。

这一研究数字是令人吃惊的，"每年8000亿~14000亿美元"是怎样一个概念，亚洲真的能够通过元宇宙达到这样的数据吗？其实，了解了元宇宙在亚洲的发展，就不会对这个数字感到惊讶。因为下一节主要介绍元宇宙在我国的发展，所以本节笔者重点介绍从政府到企业对于元宇宙都持有积极态度和支持力度惊人的日本和韩国。

首先，我们来讲一下日本元宇宙的发展。

日本在元宇宙发展具有独到之处，因为日本一直高度重视VR产业发展，所以，日本本身在元宇宙发展所必需技术上有深厚的基础。

同时，日本科技巨头也非常积极地入局元宇宙，在 VR 领域，索尼与 VR 开发商 Hassilas 拥有 PlayStation 主机系统和游戏生态，旗下的 PlayStation VR 的全球销量排名前三。这样一个成绩并不是所有科技巨头都能达到的，这足以说明日本在 VR 领域具有优势。

此外，索尼推出了 Dreams Universe 这一平台，用户可以在其中进行 3D 游戏创作、制作视频，并分享到 UGC 社区。索尼所有的决策都是在优势产业上添砖加瓦，众所周知，日本动画、漫画、游戏（ACG）在全球领先，这使其在元宇宙发展所需的 IP 资源方面具有优势。

凭借这一优势，日本科技企业计划促进现有动漫或游戏角色在元宇宙中有更多的应用，比如，举办虚拟艺术家活动，将真实艺术家演唱会等活动虚拟化。而在后期的发展中，日本这一系列的操作的确取得了成功，在元宇宙虚拟场景应用于娱乐方面，日本企业就是领域中的翘楚。

在实际应用方面，日本企业也不甘落后，打造了 VRchat。VRchat 是一款充满动漫人物和现实创作的游戏，其他流行的 VR 应用程序包括 Virtual Cast、Cluster 和 NEOS VR，因此很多人将这些程序称为元宇宙。

当然，元宇宙不仅是 VR 技术，由此可以看出日本在 VR 技术及应用上的确是这个领域的领跑者。

日本科技企业努力领跑的同时，日本政府一直高度重视数字及相关产业，有相对完备的政策体系。通产省于 2020 年 8 月成立了加速数字化转型研究小组（the Study Group for Acceleration of Digital Transformation），对数字化转型问题进行调查和研究。2021年3月，通产省成立了半导体和数字产业战略审查会议，以研究有关半导体、数字基础设施和数字产业的未来政策方向。

日本企业在一线拓展，日本政府则为企业发展做好辅助。比如，2021年7月13日发布了《关于虚拟空间行业未来可能性与课题的调查报告》，归纳总结了日本虚拟空间行业亟须解决的问题，该报告也提到，日本虚拟空间产业的发展位于世界前列。

为了在未来的全球竞争中抢占先机，日本政府提出应和业内人士共同制定XR设备、数字内容等方面的指导方针和行业标准，在国内推行标准化的同时，向海外市场输出行业指导方针和行业标准，以期在全球虚拟空间行业中占据主导地位。

也就是说，元宇宙对于日本来说，不是简单的商业发展，而是国家发展的重要因素。当举全国之力对某一行业的发展进行促进及推动时，这一行业肯定能够飞速发展。

如果说日本政府是一个好家长，全力辅助元宇宙的发展，那么韩国则更像一个"望子成龙"的家长，在全力辅助期间，不仅在政策上频出利好政策，更是"砸"进真金白银推动元宇宙的发展。

首先，在元宇宙领域，韩国本身就是一个"好学生"，在韩国，元宇宙发展具有良好的基础。韩国拥有全球领先的超高速 5G 网络和光缆网络，对 Oculus Quest 等虚拟现实设备的接受度和渗透率非常高，游戏产业十分发达。

值得一提的是，韩国高度重视数字经济和文化产业，在元宇宙产业方面政策体系日益完善，构成了全球各国中在国家层面较为完善的元宇宙政策体系。

在布局元宇宙过程中，韩国的最大特点就是政企合作。

韩国政府本身在国家政策与战略的制定方面就属于"大手笔""大跨步"，比如 2021 年 1 月韩国政府公布《元宇宙新产业领先战略》，该战略是其数字新政（Digital New Deal）2.0 计划的一部分，旨在应对颠覆性创新、新兴技术并为未来做好准备。

在韩国出台的种种政策的推动下，韩国在全球元宇宙市场的占有率将大大提升。此外，韩国新办的"元宇宙学院"，6 年内最高将投入 55 亿韩元。最终在 5 年内培养 40000 多名元宇宙专家，以推动该国进入全球虚拟世界市场的顶端。

2021 年 5 月 18 日，韩国科学技术和信息通信部成立了"元宇宙联盟"，该联盟包括现代集团、SK 集团、LG 集团等 500 多家韩国本土企业和组织，其目标是打造国家级 AR 平台，并在未来向社会提供公共虚拟服务，以推动"元宇宙"技术和生态系统的发展。

韩国政府对元宇宙产业提供了大量的资金支持。2021年6月，韩国数字新政推出数字内容产业培育支援计划，共投资2024亿韩元；2021年8月31日，韩国财政部发布2022年预算，计划斥资2000万美元用于元宇宙平台开发。

韩国广泛鼓励地方开展元宇宙项目，在未来5年内，将为250个智慧城市项目提供资金。

由此可见，韩国发展元宇宙是集国家政府力量、企业力量与教育力量于一体，将"真金白银"投入元宇宙的发展中，所以，在政府的支持下，元宇宙在韩国蓬勃发展。

可见，亚洲元宇宙的发展迅速，离不开日韩在元宇宙发展中的贡献。虽然都是政府支持企业，但是相对来说，在推动元宇宙的发展中，日本更能结合自身优势，并通过优势能力向外延伸。而韩国在推动元宇宙的发展上，展现出重视的同时，全面布局的过程中要警惕过分"激进"的弊端。

04　中国的元宇宙之路——实践"脱虚向实"

比起日韩，中国在元宇宙方面稳中求进。

中国科技企业对元宇宙概念也是热情高涨，如华为、小米、字节跳动、百度、腾讯等公司也都积极地布局元宇宙。很多企业在元宇宙的各个领域布局都做到了"精益求精""面面俱到"。从整体上看，我国在元宇宙发展方面具有后来者居上的潜力。

分析一下原因：

第一，元宇宙的网络通信基础是5G，在5G建设过程中，我国在全球仍处于领先地位。截至2019年6月，我国5G基站数量超过了100万个，从数量上看，我国5G基站数占全球总数的70%以上。这就保证了后期元宇宙能够在100万个基站辐射范围内正常发挥，而且5G终端手机数量超过了3.92亿台。

第二，元宇宙需要大量的算力，我们来看一下我国云计算的发展。2016年，中国研发的"神威·太湖之光"超级计算机，成为当时世界上最快的超级计算机。在2020年6月全球超级计算机500强榜单中，"神威·太湖之光"以高达125.4PFlops的峰值浮点性能位居世界第四，另一台由中国研发的超级计算机"天河2号"以高达100.7PFlops的峰值浮点性能位居世界第五。另有数据表明，全球最强的500台超级计算机中，中国有215台，居全球首位。

巨大的算力是元宇宙维系的根基，而元宇宙在我国发展拥有算力基础，并且我国算力能够满足元宇宙搭建的需求。

第三，在人工智能、区块链等相关技术方面，近年来，中国在人工智能领域快速超越，人工智能专利申请量逐年增加，到 2020 年，已达 389571 件，占全球的 74.7%。同时，我国网民规模达 10.11 亿人，互联网普及率达 71.6%，互联网普及率超过全球平均水平。

以上理由足以说明我国在元宇宙的发展中有巨大的潜力。现阶段，元宇宙已经进入了一个非常重要的时间节点，未来一段时间内将会有更多元宇宙应用技术和解决方案涌现出来。

但是，如何发展元宇宙产业，将是我国未来元宇宙发展规划中需要深入思考的重点。我们已知元宇宙产业的发展需要政策端扶持、企业端聚合、用户端尝鲜；元宇宙产品通常无法单一降本增效，需要上下游产品协同和生态融合，这样才能给予用户更好的体验，所以元宇宙需要产业集群发展。

元宇宙这个来自科幻小说的概念，发展得越发迅速。据数据显示，我国元宇宙相关企业一度多达 36180 家，相关专利申请数量达 14291 件，相关应用超过 10000 个。

接下来从 B 端、C 端层面来看元宇宙进入应用层的表现：

首先，在 B 端层面，国内科技巨头与创业公司齐头并进，持续布局元宇宙企业级应用，产业、办公、消费等各场景有望持续推动效率升级，未来大有可为，更多的场景仍在探索中。

其次，在 C 端层面，社交、娱乐、游戏、消费等领域通过二维到三维的空间化升级，带来较强的交互体验，目前游戏是最接近元宇宙的内容形态，虚拟人产业也逐步发展升级。

最后，元宇宙重新定义了人与空间的关系，AR、VR技术、云计算、5G、区块链等技术作为搭建元宇宙的关键技术已经应用于现实世界。从元宇宙应用层来看，元宇宙应用正在加速落地，元宇宙应用场景不断丰富，元宇宙产业涉及教育、金融、社交、旅游、医疗等多方面。

与此同时，我国一些企业正在积极布局。在对元宇宙以"稳"为主的政策方针下，我们看到，正在进军工业互联网、工业软件、网络与数据安全、智能传感器等方面的"小巨人"企业，就像排头兵，在政策的辅助下，全力推动元宇宙发展。

第三章
用数字表达——精准剖析元宇宙

元宇宙是一个新生的、不断发展的领域，是多重技术的汇集，因为元宇宙是以多种技术为基础的。我们可以将元宇宙理解为一个融合虚拟世界和现实世界的互联网，元宇宙从来不是一个单一的概念、技术或是平台，元宇宙的本质就是技术的综合运用。因此，元宇宙被称为Web3.0，或是被称为"下一代计算平台"。只不过这样的阐述不是很准确，因为元宇宙不是Web3.0，这一点笔者会在第一部分结语进行具体阐述。

随着相关技术的发展成熟，人工智能、大数据、5G、数字孪生、智能设备、XR技术等正在更新迭代，也在一步步接近搭建元宇宙所需技术的要求。很多人认为元宇宙会火爆，是因为元宇宙搭建所用的技术都是目前存在的技术，只要这些技术发展到一个高度，自然而然就可以搭建出元宇宙。

不过，目前各类技术发展的速度不一，所以，到底什么时候才能打造出我们所憧憬的元宇宙，这个答案是未知的，从概念到搭建需要很长一段时间。

01 元宇宙五大地基技术——计算技术、存储技术、网络技术、系统安全技术、人工智能技术

说到元宇宙，离不开元宇宙的五大地基技术。什么是地基技术？盖任何类型的房子都需要打地基，地基的牢固程度决定着所建房子的牢固程度。若是地基打得不稳，那么在此基础上的房屋很容易塌陷；相反，若地基打得稳，即便盖上十层、二十层也是稳如泰山。所以，对于盖房子来说，地基非常重要。

如果说发展元宇宙就是盖房子，那么地基技术就需要特别稳固。比如，计算技术、存储技术、网络技术、系统安全技术、人工智能技术，每一项技术都要稳扎稳打，才能在后期搭建元宇宙的时候，使元宇宙稳若泰山。

接下来，我们看一下这五大地基技术到底是什么：

第一，计算技术。计算技术是信息技术中十分重要的一环，在数据处理与分析中处处可以看到计算技术的运用。

如果"计算技术"这一概念不容易理解，那就换一种说法——算力。

通俗来说，算力就是计算能力，指的是数据的处理能力。从手机、电脑再到大型超级计算机，算力存在于各种智能硬件设备。如果没有算力，就没有各种软硬件的正常应用，算力是互联网时代的中流砥柱。

算力不仅是元宇宙的地基技术，也是科技进步和经济社会发展的关键底座。美国学者尼葛洛庞帝在《数字化生存》一书中，一针见血地指出："计算，不再只是与计算机有关，它决定了我们的生存。"因为，当整个社会加速走向数字化时代时，计算作为数字化基础技术成为人类生活必需品。

所以，在搭建元宇宙的众多技术中，算力，也就是计算技术排在第一位。因为，算力不仅推动元宇宙发展，也推动物理现实世界的发展。

第二，存储技术。存储技术是一种专门的数据存储技术的名称，它可以直接连接在计算机网络上，为异质网络用户提供集中式数据访问服务。

这一技术概念性比较强，笔者大概阐述一下。首先来看一下网络存储技术有哪些：

（1）直接附加存储（Direct Attached Storage，DAS），顾名思义，就是这种方式中，存储设备是通过电缆直接连接到服务器，输入/输出（I/O）请求直接发送到存储设备。DAS依赖于服务器，其本身只是硬件堆叠，不带任何存储操作系统。

（2）网络附属存储（Network Attached Storage，NAS），这一储存技术是基于局域网（LAN），按照 TCP/IP 协议进行通信，以文件的 I/O 方式进行数据传输。在 LAN 环境下，可以实现异构平台之间的数据共享。这类储存依赖于局域网，因此 NAS 可以应用于任何网络环境中。

（3）系统网络体系结构（System Network Architecture，SNA），是由 IBM 公司开发的网络体系结构。SNA 是指存储设备相互连接且与一台服务器或一个服务器群相连的网络，SNA 使在各自网络上实现相互通信成为可能，同时带来了很多有利条件。但是，现在在 IBM 只支持 SNA 环境的机器上也开始支持 TCP/IP 协议。

存储技术之所以作为地基技术，是因为如果元宇宙搭建成功，必然需要一个容量非常大的存储空间，这就要求存储技术能够满足元宇宙的存储需求。如果存储技术薄弱，存储空间有限，那么元宇宙是无法实现搭建的。

第三，网络技术。网络技术是从 20 世纪 90 年代中期发展起来的新技术，它把互联网上分散的资源融为有机整体，实现资源的全面共享和有机协作，使人们能够透明地使用资源的整体能力并按需获取信息。

网络技术是所有技术中最容易被人们理解的技术，因为自网络出现，人类就对网络技术有了更深的认知，并且随着网络技术的进步，人们原有的生活模式和思维模式都发生了巨大变化。

第四，系统安全技术。系统安全技术包括防火墙技术、信息加密技术、身份认证技术、安全协议、入侵检测系统等。

系统安全技术也是一个众所周知的概念，伴随计算机、互联网的产生而出现，人们使用网络和电脑时都是由系统安全技术保驾护航的。对于元宇宙来说，只是需要系统安全技术提升到一个接近"终极形态"的高度。

下面具体来说一下系统安全技术中所包含的防火墙、信息加密技术、安全协议、身份认证技术及入侵检测系统。

防火墙，是指一个由软件和硬件设备组合而成、在内部网和外部网之间、专用网与公共网之间的界面上构造的保护屏障。防火墙能为电脑抵御、拦截那些恶意的垃圾网站、垃圾广告。

信息加密技术，是利用数学或物理手段，对电子信息在传输过程中和存储体内进行保护、防止泄露的技术。原理就是通过设置密码改变负载信息的数码结构，从而为电脑、为账户增加保护。保密通信、计算机密钥、防复制软盘等都属于信息加密技术。

身份认证技术，是在计算机网络中确认操作者身份的过程而产生的有效解决方法。举个简单的例子，现在人们在登录一些App时需要经过信息核验，认证身份之后才给予通过。

安全协议，是以密码学为基础的消息交换协议，其目的是在网络环境中提供各种安全服务。密码学是网络安全的基础,但网络安全不能单纯依靠安全的密码算法。

入侵检测系统,是一种对网络传输进行即时监视,在发现可疑传输时发出警报或者采取主动反应措施的网络安全设备。不过对于元宇宙来说,入侵检测系统需要对整个虚拟世界不被恶意入侵起到保护作用,所以这一技术还有待提高。

第五,人工智能技术,人工智能作为引领新一轮科技革命和产业变革的战略性技术,已经极大地影响和改变了众多行业与社会生活的面貌。在元宇宙这一全新的世界维度中,人工智能不仅能使元宇宙的形式更多样、体验更动人,还能使元宇宙本身的产业赋能效应得以充分发挥,实现过去未曾实现的创意。此外,元宇宙也能将人工智能的应用触角延伸至更广阔的维度,从而实现人工智能与元宇宙的双向奔赴。

提到人工智能技术,就不得不提 AIGC,即生成式 AI。

AIGC,即 AI Generated Content,意为人工智能生成内容。例如 AI 文本续写,文字转图像的 AI 图、AI 主持人等,都属于 AIGC 的应用。元宇宙是 AIGC 的重要生长土壤,元宇宙的新生空间更适合 AIGC 的培养;AIGC 启动的数字人类也是元宇宙的重要组成部分。

综上所述,计算机、互联网所必需的五大技术同样是元宇宙的地基技术,只有将地基技术夯实,才能保证元宇宙在搭建过程中更高、更稳。

02 元宇宙五大关键技术——区块链、增强现实和虚拟现实、边缘计算、三维重建、物联网

众所周知,技术是支撑元宇宙实现的核心要素。上一节笔者介绍了元宇宙地基技术,本节主要介绍元宇宙的五个关键技术。

在元宇宙的虚拟世界中,无论是体验感、游戏规则还是商业建筑,都需要靠技术的支撑来实现。支撑元宇宙的技术有很多种,每一种技术有很多细分技术,每一项技术又可能支持多项元宇宙的功能。

第一,区块链。经过十几年的发展,目前区块链已经具有较为完善的功能。区块链本质上是信息溯源,通过电子化记录信息全流程变化的过程和结果。笔者这里阐述一下区块链作为元宇宙关键技术的原因。

首先,区块链解决数据信任问题。区块链的存在能够让用户在元宇宙的账号、资产等受到更强的保护。区块链作为关键技术,能够保证元宇宙所有加值数据都存储在区块链上,不会被人为改动,从而为每一个用户形成天然的信任网络。

其次，区块链能够建立开放、透明、共治的自由空间。区块链制约了企业操控元宇宙，所有规范由参与的用户共同制定。只要符合区块链底层技术协议规范和标准，同时又被大家认可的内容，就可以添加到元宇宙中。这让每个用户都成为元宇宙内容的制定者，并且内容和规则都是公开透明的。

最后，区块链技术保证了元宇宙安全可靠的经济系统。区块链技术在元宇宙的经济系统中具有非常重要的作用，保证用户在元宇宙的资产在没有中心化组织的前提下也能安全地存放，不会丢失。

总之，拥有区块链关键技术的元宇宙，将会使我们的生活更加简单便捷。

第二，增强现实和虚拟现实。我们要区分增强现实和虚拟现实。

增强现实是一种实时计算摄影机影像的位置及角度并加上相应图像的技术，是一种将真实世界信息和虚拟世界信息"无缝"集成的新技术，这种技术的目标是在屏幕上把虚拟世界"套"在现实世界并进行互动。

虚拟现实是20世纪发展起来的一项全新的实用技术。虚拟现实技术集计算机、电子信息、仿真技术于一体，其基本实现方式是计算机模拟虚拟环境从而给人以环境沉浸感。

由此可见，增强现实是将用户带入虚拟世界，而虚拟现实则是将虚拟影像在真实世界呈现，还有如混合现实等其他扩展现实技术正在逐步应用于元宇宙。综上所述，作为元宇宙关键技术的虚拟现实、增强现实设备，最终会成为元宇宙，即下一代互联网的入口，或者说是元宇宙硬件设备的基础设施。

第三，边缘计算。边缘计算已经成为元宇宙产业升级的重要推动力量，相较于云计算的集中部署模式，边缘计算很好地解决了中心流量拥堵和智能终端快速增长所带来的计算资源匮乏的问题。

边缘计算与区块链共用可以节省云端资源开销，同时具有部署效率高等优势。边缘计算的传播效率更高，延迟更低，那么从用户的角度来看，这个传播路径更加可控，还可以采用优化策略，将经常使用的数据账本信息存储在边缘端，这样可以提高通信效率，降低数据传输的延迟。

事实上，无论是元宇宙还是元游戏、自动驾驶、智慧城市等领域，场景高质量的交互体验需要边缘计算的保驾护航，海量的数据需要边缘计算处理优化，边缘计算就是未来解决数字化难题的关键技术。

第四，三维重建。三维重建也被称为三维扫描，它的目的就是将物体信息或者物理世界中的实体信息进行数字化。

元宇宙的一切都需要数字化，而数字化信息中主要是物体的几何信息，也就是它的形状或形态，以三维坐标的形式在数字世界中的呈现。

随着元宇宙、虚拟世界、数字人等热点的兴起，三维重建受到了大家的重视。元宇宙的目的就是构造一个完全互联的数字虚拟世界，在这个数字世界中人们可以做各种各样充满想象力的创作。人的创作都是基于现实的一种拓展，对于"如何将物理世界中的实体搬到数字世界中"的思考，就变得尤为重要。

想要实现这一点，就要依靠三维扫描。一款名为 Vokabulantis 的游戏，里面所有的场景、道具、物品都是利用三维重建方式将现实世界艺术品采集下放到游戏中，游戏中的人物也是将物理世界中人的构造设计成定格动画，再通过三维重建导入游戏中。

这一点足以说明，人们可以通过三维重建将现实世界的事物导入元宇宙，因此，三维重建在搭建元宇宙的过程中属于关键技术。

第五，物联网。物联网相关技术作为元宇宙实现跨越虚拟与现实边界的关键技术是不可或缺的。物联网技术为元宇宙中万物交互和虚实共存创造了可靠的科技保证，为元宇宙感知外部资源创造了技术保障，为元宇宙的发展提供了必然性。

物联网概念于 1995 年被首次提出，经过近三十年的发展，物联网技术不断提升，现在已经能够为元宇宙提供实时、精准、持续的数据信息，同时满足了随时随地以各种方式多元化接入元宇宙的需要。

物联网系统结构分为感知层、网络层、平台层及应用层，物联网所涉及的元宇宙应用场景很多，包括智能电网、智慧物流管理、人工智能环境、智能化农产品、智能工程、城市管理、家居生活等。随着物联网技术的发展，网络空间和物理空间越发紧密地融合，借助物联网技术，人们终将步入元宇宙所描述的虚实融合时代。

以上就是元宇宙五大关键技术，目前来看，五大关键技术还呈现"木桶效应"，也就是说，元宇宙未来的发展程度取决于"短板"技术的发展程度。不过，令人欣慰的是，当下元宇宙所必备的五大关键技术都有不同程度的发展，而三维重建、XR技术已经算得上是技术"长板"。

03 元宇宙六层基本架构——支撑技术层、硬件层、系统层、软件层、应用层、经济层

元宇宙就像互联网的 TCP/IP 模型，也具备一个基本的架构，可以将元宇宙的基本架构分为六层。

第一层是支撑技术层。

这一层包括 AI 数据、传感器、云计算、边缘计算、云架构化。这一层所有的技术都在智能手机端使用过程中逐步地更新迭代，很多技术已经达到了非常成熟的高度。所以，元宇宙需要的硬件基础已经准备好了，只是搭建一个虚拟世界并不是朝夕之事，且现有的技术虽然能够充分应

用于智能手机端，但对于元宇宙来说，想要依靠这些技术将元宇宙搭建并正常运转还具有一定的难度。

第二层是硬件层。

这一方面指的是XR、VR、AR、传感技术等，近几年很多VR、AR技术发展快速，现在虽然这类设备还略显笨重，但是根据这类设备发展的蓝图，VR、AR最终会变得更加精巧、易于佩戴。未来，也许人们不必再将略微厚重的VR、AR眼镜戴在头上，用手支撑，而是将VR、AR眼镜片直接加到普通眼镜上。也就是说，人们在现实世界佩戴普通的眼镜，只需加上具备VR、AR技术的黑色眼镜片，就能够瞬间进入虚拟世界。

第三层是系统层。

现在智能手机的系统层面有安卓、iOS等，当然，华为也在致力于鸿蒙系统的研发。因为有智能手机系统发展的基础，所以相对来说，系统层面更容易达到元宇宙搭建技术的要求。

第四层是软件层。

软件层面包括物理引擎、3D建模、实时渲染、AIGC、数字孪生及虚拟人等技术。目前来看，这一层面技术已经达到了一定的高度，比如3D建模具有二三十年的发展历史，所以能够在元宇宙搭建过程中直接运用。而数字孪生技术已经大规模地应用于工业建设、智能城市建设中，一项成熟的技术自然可以直接应用于元宇宙，推动元宇宙的搭建。

第五层是应用层。

元宇宙在应用层将结合很多数字化技术，这是一个空间概念，且元宇宙在应用层面价值创造空间不亚于互联网。概括来讲，元宇宙的作用层面分为两端：C端提升体验，B端提升效率。此外，应用层面的产业互联网还可以提升商务沟通体验和制造业效率，应用层面更受现实世界资本的青睐。

第六层是经济层。

元宇宙在经济层面体现了数字经济的未来。元宇宙作为具备相对完整社会体系和经济体系的虚拟世界，通过区块链等技术不仅能够丰富数字资产，完善数字市场的构建，促进数字生产要素的发展，还将重塑实体产业的运行模式和经营形态，为数字经济发展带来更高层次的提升。

通过上面的内容，我们能够清楚地认识到元宇宙不是一个简单的3D互联网，它能将现实世界与虚拟世界联结在一起。元宇宙的目的不是渗透现实生活，而是重度改变现实生活。

04 元宇宙七大优势——体验、发现、创作者经济、空间计算、去中心化、人机交互、基础设施

元宇宙本身就是一个技术合集,所以涉及的技术、架构比较多,上文中笔者介绍了地基技术、关键技术、基本架构,本节主要介绍元宇宙的优势。

体验,毫无疑问,就是映射现实的生活场景。元宇宙的体验并不是简单地打造立体空间中的沉浸感。元宇宙的体验是帮助人类拓展边界,在虚拟世界中获得现实世界难以拥有的体验。

发现,这里的发现更多是指内容消费的关键领域。发现与现实世界中完全不同的内容,发现这一层能够构建元宇宙创作者经济生态,直白地说,通过发现层,生产、贩卖及消费内容为主的生态将会更加便捷和普遍。在元宇宙,人们可以将自己创造的内容或产品数字化,用自己的创意获取利润。

创作者经济,NFT技术成熟并应用于元宇宙,会激发创作者参与,创作者经济这一层面包含了实现元宇宙生态的重要元素。如今想要成为

创作者，不一定需要学习代码相关的知识，各种引擎和平台的搭建，让很多人能够直接在数字世界中进行创作。一个没有任何代码技术的创作者可以直接在平台上创建自己的网站，平台提供整套集成工具，使人人都有机会创作出自己的内容并且分享出去。然后区块链和NFT等技术又能够将创作内容进行变现，从而形成经济体系。

空间计算，是实现"无边界"的关键技术，使人类创造并进入虚拟世界成为可能。空间计算使用3D引擎技术、生物识别技术、地理空间映射技术、用户交互技术及AI和大数据技术，这些技术能够在元宇宙搭建后，帮助人们随时随地进入元宇宙。不过，从目前来看，空间计算技术是元宇宙技术的短板，想要随时随地进入元宇宙，在技术支持上还需要很长时间。

谈到去中心化，就不得不提区块链和NFT，两者的特点也是去中心化。对于元宇宙来说去中心化是元宇宙生态的核心，因为只有去中心化才能够使创作者经济发展，创作者不被单一的平台束缚，从而实现元宇宙的共创、共享及共治。NFT这一技术和区块链技术同样重要，这一逐渐成熟的技术非常符合元宇宙去中心化的特性，可以激发更多创作者参与，将内容置换为利润。

人机交互，这是比通过VR、AR技术进入虚拟世界更先进的技术，人机交互是可以让人类具有更高沉浸感的核心技术。这类技术就是将智能设备与人类的躯体紧密结合，提升人机交互的体验感。如果说VR、AR智能穿戴设备会让人有一种刻意感，那么人机交互会让人忽略这一感受，全身心地进入虚拟世界。不过，目前这项技术尚未成熟，但却是元宇宙发展过程中最为重要的一项技术，毕竟现实世界的人想要完全沉浸在虚拟世界，不能仅依靠VR、AR智能穿戴设备。

基础设施，元宇宙世界的基础设施包括互联网所需要的基础设施，也就是网络，而且也是以5G网络为起点。我们真实世界的网络是以2G网络为起点，但是元宇宙需要5G来提高宽带速度，降低网络延迟。当然，如果能普遍使用6G网络，对于元宇宙来说自然更好。

元宇宙要搭建完成并顺利地运营，就要求所有技术都达到成熟。当元宇宙落地时，元宇宙的七大优势必然会推动元宇宙的发展。

05 元宇宙八大关键特征——身份、朋友、沉浸感、低延迟、多样性、随地、经济、文明

元宇宙发展到今天已经取得了一些成果，仍有很多人并不了解元宇宙，并且因为互联网上对元宇宙有太多不同的观点，导致大家对元宇宙一知半解或者似懂非懂。下面，笔者从元宇宙八大关键特征来介绍元

宇宙。

先来看看科技巨头对元宇宙的设想：

按腾讯创始人的设想，元宇宙是独立于现实世界的虚拟世界，每个人在虚拟世界都可以用全新的身份过自己想要的生活；

按阿里巴巴创始人的设想，元宇宙就是一个云端自行搭建的3D购物空间，是通过人与人的联结体验全新云逛街的平台；

按"元宇宙第一股"Roblox的设想，元宇宙就是线上多人游戏的"终极"版本，是具有独立经济体系的开放性游戏平台。

我们通过以上设想，不难发现，元宇宙关键特征已经慢慢浮现。目前最主流的说法就是按照Roblox招股说明书中所写的身份（Identity）、朋友（Friends）、沉浸感（Immersive）、低延迟（Low Friction）、多样性（Variety）、随地（Anywhere）、经济（Economy）、文明（Civility）八大关键特征。

在此基础上，笔者对这八个主要特征进行深入剖析：

1. 身份（Identity）

进入元宇宙之后，每一个现实世界的用户都会有一个新的身份。这个新身份与在真实世界的身份截然不同，这个身份就是现实世界的自己在元宇宙中的"化身"。举个例子，在《雪崩》这部小说中，所有现实世界的人物在元宇宙中都有一个化身。所以，身份是元宇宙构建完整生态的第一步。

2. 朋友（Friends）

在现实世界中，朋友指的是与我们比较亲密的人，但是在元宇宙这个虚拟世界中，朋友未必就是现实世界中我们认识或与我们关系亲密的人，而是某个与你相隔万里之遥的用户的数字身份。正因为有了无数个数字身份，人们才能如同在现实世界中交朋友一样，在元宇宙拥有社交体验。

3. 沉浸感（Immersive）

沉浸感是元宇宙最重要的一点，如果缺少沉浸感，作为现实世界的人很难全身心融入元宇宙，包括现在的开放性游戏，如果缺乏沉浸感，人们很难感觉身临其境。举个例子，现在VR技术让更多玩家在戴上VR智能穿戴设备后，进入一个与现实世界完全不同的游戏世界。这样一来，不仅玩得过瘾，在摘下设备之后的短时间内还沉浸在游戏场景中。这样的沉浸感和代入感，也是元宇宙的一大关键特征。

4. 低延迟（Low Friction）

低延迟是指计算机系统或通信网络中的较短时间延迟。它通常指网络数据包通过网络连接从发送计算机到接收计算机往返所需的时间。以游戏为例，游戏延迟指的是数据从游戏客户端到服务器再返回的速度。网络状态越好，服务器响应就越快；使用人数越少，延迟就会越低。延迟对于游戏的作用和影响都很大，而游戏是元宇宙的雏形，因此，低延迟也是元宇宙一个重要特征。

5. 多样性（Variety）

人们之所以想要搭建元宇宙，就是因为虚拟世界有更多可能，能够展现出更多的超现实情境。比如，进入元宇宙，我们可以把自己的想象展现出来，我们在元宇宙用全新的身份做一些现实世界做不到的事情。比如，在元宇宙，上一秒还在北京的长城上一览壮美风景，下一秒就到了非洲大草原看动物奔跑，在被非洲豹盯上后，扑向自己的一瞬间，我们来到了南极看极光。这就是更多样的可能，只有元宇宙才能实现情境。

6. 随地（Anywhere）

自己可以利用终端随时进入元宇宙，是什么概念？我们能够在城市里轻松利用终端进入游戏，也一样能够在田野里随意进入游戏。具体来说，就是网络覆盖哪儿，元宇宙的终端入口就在哪儿。

7. 经济（Economy）

元宇宙中需要一套经济系统，不过元宇宙的经济是数字经济的特殊形式，通过区块链技术实现，包括数字创造、数字资产、数字市场、数字货币、数字消费。

8. 文明（Civility）

世界的发展离不开文明的发展，世界文明也会随着世界的发展而变化。在元宇宙，虚拟世界也有自己的文明体系，而且文明体系更加简单明了。在元宇宙，几个人就可以组成社区，社区组成城市，然后由大家共同制定规则，形成文明。

  以上就是元宇宙的八大关键特征，这些特征使元宇宙有了不同于其他事物的标志，同样，它们也是元宇宙搭建过程中不可缺少的因素。

第四章
数字底座——源于数字，终于数字

元宇宙的绝对核心，非数据莫属。

有了数据的加持，数字孪生技术才获得了动态属性。放眼当下，人们可以应用数字孪生技术提升城市智慧水平。只要拥有一套各类数字孪生数据的通行标准，人们就能够创造出有价值的成果，每个人都能成为城市和企业的创造者。这一切都得益于数据，没有数据就没有元宇宙。

01　数字孪生是什么——数字孪生已经在影响人们的生活

数字孪生是指充分利用物理模型、传感器更新、运行历史等数据，集成多学科、多物理量、多尺度、多概率的仿真过程，在虚拟空间中完成映射，从而反映相对应的实体装备的全生命周期过程。数字孪生是一个超越现实的概念，可以被视为一个或多个重要的、彼此依赖的装备系统的数字映射系统。

简单地说，数字孪生就是在一个设备或系统的基础上，创造一个数字版的"克隆体"。这个"克隆体"就被称为数字孪生体。孪生本身指的是双胞胎，数字孪生并非指数字双胞胎，而是双胞胎中一个属于现实，一个属于虚拟。

数字孪生的概念于 2011 年被首次提出，数字孪生具有三个特点。

第一，数字孪生的一个重要特点就是大规模的多源数据整合，数字孪生的基础就是数据，且不是单一数据，数字孪生就是多源异构数据融合。这其中包括各种地图要素数据、监测视频数据、实时报文数据、BIM 数据、传感、商业系统、各类数据库等，大量的数据支撑起数字孪生系统，使数字孪生能够"克隆"出一个与现实世界中某一场景完全一致的数字克隆体。

第二，数字孪生系统通过数据驱动实现物理实体对象与数字世界模型之间的全面映射，也就是说，数字孪生内核支持数据的驱动。正是因为支持数据驱动，才能通过大量数据构建出数字世界，而呈现出来的数字世界又完全是所收集数据中物理世界的全面映射。

第三，数字孪生系统最有意义的就是帮助用户建立真实世界的数字孪生模型，在大量数据信息的基础上建立模型。比如，现实中有一栋建筑物，将该建筑物所有数据进行收集后，可以在数字世界建立一个与该建筑物一模一样的数字建筑物。这就是数字孪生的可视化分析与决策支持的特点。

这一特点正是元宇宙所需要的，因为元宇宙就是要建立一个与现实世界一模一样的虚拟世界，而数字孪生完全可以实现这一点。毕竟，数字孪生的作用就是帮助人们在新产品开发和系统调试的构成中进行仿真。正因如此，数字孪生在近几年飞速发展，并成功应用于智能制造、工业制造等领域。

数字孪生应用的整体效果最终在其智能大屏中进行展示，对于大型制造业企业可以实现工序的生产流程在虚拟三维仿真场景中对真实生产过程的全面还原，能够满足企业提出的虚实联动、数据联动等管理、应用要求。

值得注意的是，数字孪生的概念不仅活跃在工业 4.0 的制造业，也越来越频繁地出现在智慧城市领域，数字孪生的应用场景非常广阔。

02 数字孪生和元宇宙——数字孪生与元宇宙是"捆绑关系"

近十年来，数字孪生技术得到了迅速发展，并且已经在多行业中被广泛应用，其中，以制造业、城市管理、交通运输、医疗保健、网络通信、农业等为主。可以说，数字孪生在我们现实世界中占据重要位置，大大方便了我们的生活。

尤其是在制造业方面，数字孪生已经成为无可替代的高端技术，从产品的设计开始，到产品的售后服务环节，数字孪生在化工、冶金、汽车等制造行业成为核心技术。制造业通过数字孪生技术的应用，提高了生产设备的运行效率，增强了产业链协同生产能力，降低了设备故障率以及维护成本，数字孪生从根本上促进了生产模式和商业模式的转型升级。

那么，在现实世界普遍应用的数字孪生技术与元宇宙之间的关系到底如何？可以通过三个方面进行分析。

第一，元宇宙搭建过程中，需要数字孪生。举个例子，元宇宙的初衷是要搭建一个与现实世界一样的虚拟世界，所以，元宇宙本身就是现实世界的映射。想要做到全景映射就必须通过数字孪生技术将现实世界的各方面细节映射到元宇宙，在元宇宙中呈现出与现实世界一模一样的细节。

第二，数字孪生技术帮助人们在数字环境下重构物理世界，并映射出每一个微观细节。在先进传感器、AI及通信技术的支持下，这些数字空间中能够精确模拟包括人体、设备、事物、系统乃至地点在内的各类物理对象。重构物理世界，正是元宇宙构建的终极目标。

第三，元宇宙需要实现真实世界和虚拟世界之间的数据与信息交换，数字孪生技术不是单纯地将物理世界全景映射到虚拟世界，而是能够实现现实世界与虚拟世界进行互动的技术。

综上所述，元宇宙是数字孪生技术通过一个物品、一个系统扩展到整个世界。元宇宙实际上是数字孪生技术的进一步发展，它集成了虚拟现实技术。当数字孪生技术，在工业领域的应用扩展到人们生产生活的各个方面时，元宇宙的原型就形成了。

虽然数字孪生可以作为元宇宙技术长板，但还是面临诸多难题：

高仿真度，这个技术难题是构建数字双胞胎体系的关键，数字孪生作为物理实体在数字空间的超写实动态模型，还没有实现高精准度、多物理场建模等。

数据收集，数据是数字孪生的基础，然而，现在的技术还不足以收集海量数据。这是数字孪生亟待解决、急需攻克的难题。没有海量数据做依托，数字孪生有可能会止步于当前的技术阶段。

实时监测，数字孪生的确能够对所需要的场景进行监测，但是想要做到实时监测，对于当下数字孪生技术来说还有很大的难度。一方面，物理产品的数据动态要实时反映在数字孪生体系中；另一方面，数字孪生离不开高度仿真预测。如果数字孪生达不到高仿真度，自然就无法达到精准的实时监测。

对于元宇宙来说，数字孪生需要突破以上三个难关才能在搭建过程中起到非凡的作用。然而，在三个难关并未突破的前提下，与之"捆绑"在一起的元宇宙，自然缺少了实现的重要辅助。

03 数字孪生的应用场景——元宇宙底座技术数字孪生正在影响人类

数字孪生作为比较成熟的技术正在影响现实世界的发展，并且数字孪生技术在现实世界被应用于各个场景。被公认为是未来极具战略性、颠覆性、先导性技术的数字孪生，在现实世界几个重要领域表现出无可替代的作用。本节笔者主要介绍数字孪生的应用场景。

第一，智能制造业。近年来，智能制造成为世界各国制造业的竞争焦点。比如，美国强调制造的感知控制，德国也推出工业4.0主题，由此可见，智能制造是制造业发展的新趋势。然而，制造业的环节复杂，智能制造如何推动制造业发展成为关键。

这时，数字孪生就显得尤为重要，智能制造可以从数字孪生入手，充分利用模型、数据、智能，并集成多学科技术，面向产品全生命周期，发挥联结物理世界和信息世界的桥梁和纽带作用，提供更加实时、高效、智能的服务。

我国制造业近年来处于重要的转型时期，制造业通过物联网、大数据、人工智能和实体经济深度融合，使我国制造竞争力大幅提升。从目前的形势不难预料，在未来发展中，我国制造业能依靠数字孪生模拟各种可能性，为整个行业发展提供更全面的决策支持。

第二，医疗保健。数字孪生将数字医疗保健带入了为人们提供定制医疗的新阶段。数字孪生通过创建已有程序、工作流或资产的副本，使真实组件与其对应组件产生数据流。在医疗保健领域中，通过数字孪生利用机器学习和深度算法对某种疾病进行分类，将技术整合到智慧医疗领域必然改善医疗保健流程，最终为患者量身定制治疗方案，以及将患者和医疗保健专业人员聚集到智能的健康生态系统中。

第三，智慧城市。数字孪生在智慧城市中的应用是最广泛的，我们知道数字孪生可以用来模拟和优化实际物体的运行和维护过程。所以，在智慧城市建设中，数字孪生技术可以帮助城市管理者和居民了解城市的运行状况，以便更好地规划城市的未来。

比如，通过数字孪生技术可以检测城市的交通状况，可以帮助城市规划者预测交通现象并有效地改变城市交通现状；再如，数字孪生还可以帮助城市进行环境监测，对城市的各类资源进行检测，通过检测提出更精准的管理方案；又如，数字孪生可以用于智慧城市的安全监测，模拟城市中的突发状况，检测城市公共卫生情况，等等。

总的来说，目前数字孪生在智慧城市中发挥着重要且广泛的作用，通过使用数字孪生技术，我们的城市管理越来越好。城市管理者通过数字孪生可以做出更好的决策与管理方案，因此，数字孪生技术将继续在智慧城市中发挥越来越重要的作用。

第四，自动驾驶。从我国汽车行业来看，数字孪生技术对于自动驾驶的落地具有显著的推动作用。业内人士频频在媒体上表示，国内智能网联汽车行业正在向高级自动驾驶阶段迈进，而在迈进过程中，通过数字孪生技术可以实时收集、计算、操作和执行智能网联汽车与智能城市道路数据，从而协助解决自动驾驶所遇到的种种问题。

以上是数字孪生几个重要的应用场景，是数字孪生技术落地真实应用场景的有益尝试，其意义不可小觑，而数字化、智慧化已成为我国经济社会发展的必然趋势。

第五章
辅助工具——逐渐成熟的区块链技术

本章主要讲述元宇宙的重要技术之一区块链，区块链在元宇宙发展过程中起着重要作用。一些人追逐元宇宙概念的同时却无视区块链在其中所起的作用，可是元宇宙想要正常运转必然离不开区块链。

首先，我们浅显地了解一下区块链。区块链概念于2009年被首次提出，在15年的发展过程中逐渐成熟起来。从概念上看，区块链就是一个又一个区块组成的链条。每一个区块中保存了一定的信息，它们按照各自产生的时间顺序连接成链条。这个链条被保存在所有服务器中，只要整个系统中有一台服务器可以工作，整条区块链就是安全的。

区块链的特征是去中心化、开放性、独立性、安全性和匿名性，而元宇宙的属性正是去中心化，因此，区块链与元宇宙之间密切相连。只有明确区块链和元宇宙之间的关系，开启区块链发展新周期，才能真正推动元宇宙进入全新的发展阶段。区块链从出现至今发展了十余年，已经形成了较为成熟的技术体系，在元宇宙所需各项技术中，正处于技术长板的位置。但是，随着元宇宙的出现，区块链技术不会止步于此，必将继续进入发展新周期。

01 漫长的技术成长之路——区块链技术从理想走进现实

对于区块链的产生及15年的发展历程不再赘述,本节笔者主要阐述告别资本驱动的区块链是如何从理想照进现实的。

区块链刚出现的时候,人们对区块链一知半解甚至不了解,但并不能阻止资本的疯狂注入。所以,区块链早期发展,很大程度上是以资本为驱动力。这些资本的驱动力大多体现在以资本和投资机构为代表的B端,以及以发币或者ICO为代表的C端。

事实上,仅依靠资本驱动是无法使区块链发展持久的,站在区块链的技术角度看待区块链的发展,寻找区块链的新路。正因如此,近年来,区块链终于回归到正确的发展轨道上,大家关注的是区块链技术的现实应用,而非无休止的资本泡沫。

遵循区块链发展规律的情况下,区块链的落地和应用被更多人所关注。在元宇宙概念出现后,区块链从资本驱动进入了自我驱动,区块链回到了本质上的技术层面。

如果说，一开始区块链通过资本驱动所展现出来的火爆是理想，入局者希望自己也能进入区块链领域分一杯羹，那么现在的区块链作为一种新技术、新思想，作为元宇宙搭建过程中的关键技术，就是从理想回归现实。

不切实际的发展方式是不可持续的。当区块链回归其本质时，区块链才能真正地应用于现实，食品溯源、知识产权保护、数字人民币推行等现实应用都是借助区块链技术实现的。基于此，区块链才能通过技术本身的更迭进入更多新的发展周期。

区块链用了十多年的时间探索自己的正确之路，从被炒作的概念落地成改变人类生活的技术，才算真正进入一个属于自己的全新发展阶段。

我们不禁思考，现如今的元宇宙概念与区块链出现前期运行轨迹相像。区块链在理想时期是狂热激进的，是不切实际的，经过十几年走进现实，说明区块链已经冷静下来，冷静下来的区块链慢慢展现出它真实的一面，也是它走进现实的第一步。

02 元宇宙的经济系统——不可或缺的经济系统

一个世界必须有自己的经济体系，现实世界如此，虚拟世界亦是如此。所以，元宇宙需要搭建属于自己的经济系统，这就离不开区块链技术。区块链是一种去中心化、不可篡改的分布式账本技术，这两大特点就决定了区块链在元宇宙中将发挥巨大的作用。

元宇宙是虚拟世界，也有其经济体系，在这个经济体系中，用户的经济活动可以在实体空间与虚拟空间无缝切换。在虚拟世界里可以进行经济行为，比如，赚钱、消费、投资等。虚拟世界中的用户通过多种方式获取收入，这个货币可以在元宇宙进行消费。

想要在元宇宙中建立完善的经济体系，就离不开区块链，区块链是联结虚拟世界与现实世界的重要纽带，而NFT则是虚拟世界经济系统运行的主要载体。元宇宙本意打造出一个不受任何个体和公司操控的自治空间，所以去中心化为基础的NFT，凭借稳定、高效、规则透明等特点成为元宇宙经济系统创建的选择。并且，区块链为元宇宙价值归属、流通、变现、身份认证等问题都提出了更好的解决方案。

03 区块链与元宇宙——区块链推进元宇宙从科幻走进现实

已经走进现实的区块链被广泛应用于多种场景，比如数字货币、金融、电子商务等。区块链技术是元宇宙发展过程中不可或缺的技术，因为区块链能够实现为元宇宙创造去中心化且安全性极高的经济体系。

元宇宙从科幻小说中的概念走进现实需要多种技术的支持，其中区块链技术作为能够为元宇宙打造完善经济体系的重要技术，在元宇宙中的应用非常广泛。本节笔者主要介绍区块链在元宇宙中的应用。

区块链在元宇宙中的应用可以说非常广泛，主要体现在以下方面：

在元宇宙中，数字资产可能面临各种安全威胁和侵权威胁，并且因为元宇宙以去中心化为特征，也就是说，每个个体都是一个自治个体，利用区块链技术保护元宇宙环境的数字资产和知识产权，将为元宇宙环境的建设提供更加健康和稳定的保障。

因为区块链有不可篡改的特点，这就直接决定了创作者的创作和规则在制定之后不会受到外力影响和破坏，从而增强了元宇宙的整体稳定性和可持续发展。

区块链技术实现元宇宙的去中心化，从而推动社会合作模式向更加公正化的方向发展。元宇宙所构造的虚拟数字世界，需要解决信任问题，需要建立现实世界与虚拟世界真实的映射和交互关系。然而，区块链是元宇宙的底层支撑，以保证元宇宙不被单一组织所控制，解决虚拟世界中主体、客体、交易可信问题。区块链技术可以解决元宇宙中的信誉问题，使合作变得更加稳定和互信。

目前，区块链技术虽然在元宇宙的各项技术中处于技术长板范畴，但还是面临不少困难：

首先，区块链去中心化为特征，在制度完善方面，各个国家对区块链的态度不可避免地影响区块链技术的应用与发展。

其次，技术层面。经过十几年的发展，区块链技术已经成为元宇宙"技术木桶"的长板，但是，区块容量问题等还没有得到很好的解决，因此，在技术层面区块链尚需突破性进展。

总的来说，元宇宙离不开区块链技术，理顺元宇宙与区块链之间的关系，找到元宇宙和区块链的发力点，只有真正意识到元宇宙和区块链之间的异同，我们才能抓住元宇宙和区块链发展的关键，将元宇宙和区块链带入一个全新的发展阶段。

第六章
从小到大——从技术上聊元宇宙的发展

对于元宇宙，我们必须端正自己的态度，既不能"神化"元宇宙，也不可"妖魔化"元宇宙。归根结底，元宇宙就是科技发展到一定程度时的产物。实际上，人类和技术永远处在一种共生关系中，在互联网出现后，人类的发展与技术的更迭更加密切。

从概念到技术驱动，再到资本介入，元宇宙是近几年互联网领域的关键词。国内外资本市场积极介入元宇宙：元宇宙第一股 Roblox 在美国纽交所上市，首日市值超过 380 亿美元；芯片巨头英伟达，推出了为元宇宙打造的模拟平台 Omniverse。与此同时，国内的阿里巴巴、腾讯、字节跳动、网易、百度、京东等互联网巨头也纷纷加入元宇宙这个赛道。

01　三年发展——从技术上看元宇宙变化

元宇宙是与现实世界平行的虚拟世界，与现实世界相互影响，元宇宙的理想状态是由现实技术支撑。比如，基于扩展现实技术提供沉浸式体验；基于数字孪生技术生成现实世界镜像，也就是把现实世界的事物映射到虚拟世界；基于区块链技术搭建经济体系，就是通过区块链技术建立元宇宙的经济系统。

所以，元宇宙发展有两个关键点：一方面，元宇宙是运用现实技术搭建起来的互联网形态；另一方面，元宇宙不会一蹴而就，甚至不会在短时间内搭建起来，因为各项技术需要时间更迭。

元宇宙的发展是由现实技术支持，元宇宙发展到哪个阶段，需要看5G 网络、物联网、工业互联网、人工智能、云计算等数字基建的发展进度。然而，元宇宙还未从概念中走出来，各项技术却已经面临不同程度的瓶颈。

在网络与运算技术方面，元宇宙的搭建需要以高速的网络为基础，准确地说，是需要6G 及以上的网络，并且对算力方面要求非常高。元宇宙的算力和网络是指成员宇宙虚拟内容的创作与体验,换句话说,元宇宙打造的是高沉浸感的虚拟世界,没有强大的网络与算力支持,是无法实现这一目标的。

举个例子,我们在移动互联网上观看视频时,但如果使用 2G 网络,在看视频的时候看一会儿就显示"加载中",甚至加载不出来。所以,强大的网络才是元宇宙正常运营的基础。

在算力方面,元宇宙需要巨大的算力能力。目前,全球都高度关注解决算力问题,解决算力问题也就意味着 AI 芯片技术和边缘基础设施在当前技术上有更快的发展。不过,现在的算力能力仍存在多项挑战,虽然我们拥有超强算力的计算机,但要实现对规模化多体系的精确制备、操控与探测,还需要更多时间。

仿真交互技术,也就是 VR、AR 技术,这决定了元宇宙用户沉浸感。VR、AR 技术从出现至今,一直处于迅速进步的阶段。尤其是在科技巨头布局元宇宙之后,作为关键环节,VR、AR 技术落地迅速,并且产品朝着轻量化、大众化方向更新迭代。科技巨头微软、华为、OPPO、苹果、小米等国内外巨头都在积极布局 AR 硬件产业。

但是,我们也要看到仿真交互技术实际上正处于突破期,该技术想要达到实现源于合奏高仿真、沉浸感的程度,需要进一步沉淀发展。

经过十几年的发展,区块链技术已经算得上是比较成熟、稳定的技术。虽然区块链技术成功开启了数字内容资产化时代，但是，NFT也存在技术瓶颈，比如资金体量相对较小、交易单位相对固定、缺乏健全的定价机制等。也就是说，区块链技术目前也进入了发展瓶颈，如果不解决NFT本身所显现出来的各种问题，突破技术瓶颈，对于元宇宙来说即便建立经济体系，也将是一个具有不确定性、缺乏规则的体系。

以上是元宇宙必需的几类技术，这些技术在目前阶段都有不同程度的发展，在现在看来的技术长板也需要技术升级更迭，更不要说技术短板了。近年来，从目前所有技术的发展现状来看，元宇宙并未真正走出概念、走向现实。

02　技术成熟的五个阶段——元宇宙目前处在哪个阶段

一项新技术从出现到成熟必然经历不同的阶段，同样，对一项技术进行成熟度评估就是评价其在不同环境下的成熟程度，评价这一技术目前所处的时期以及最终转化为用户使用的周期。对于企业购买计划，新技术成熟评估尤为重要，可以评估出该技术对用户需求的满足程度，以及估算出投资行为预期的产出。

新技术什么时候投入使用，以及投入使用之前还需要多少投资，投入使用之后多久才能回本等。在目前的技术成熟评估分析中，由高德纳公司（Gartner）提出的模型作为通用的技术成熟周期评估方法，也被称为"Gartner技术成熟周期"。一个完整的技术成熟周期包括五个阶段：

第一阶段，技术萌芽期。在这一阶段，产品已经出现，产品概念被大众所了解，大众也开始对该产品进行谈论。这一时期也被称为概念期，因为在这一时期，对于任何产品、技术，大众都首先通过概念了解它。

第二阶段，期望膨胀期。这个阶段，大众对于新产品、新技术的期望值很高。在这一时期，新技术必然会受到热烈追捧，它的价值会被夸大，并且在众人对它期望值过高的前提下，众人的兴奋程度也达到了顶峰。

第三阶段，幻想破灭期。很多技术从概念上来看是非常有前途的，但是在真正投入运营之后，才会发现有些技术在研发过程中并没有达到众人的预期。很多新技术在经历了期望膨胀期之后，都因为收益、采用率等不如预期而导致新技术如同泡沫一般破灭。

第四阶段，复苏期。新技术在经历了大起大落之后，渐渐进入复苏期。这一时期的新技术不再受到资本裹挟，也不再受到众人盲目吹捧，而是踏踏实实进入实验、研发、检测阶段。能够进入这一时期的新技术大多会实现技术落地，毕竟，有些不切实际的技术经过大起大落后就销声匿迹了，而有一些技术能够进入第四阶段，并通过实验、检测等方式使技术改变原有版本，更新迭代，最终在投入使用后获得收益，实现技术的持续发展。

第五阶段，生产成熟阶段。这一阶段的特征就是技术从新技术已经成功转化为完善的技术。人们已经开始应用这一技术，技术的优势已经广为展示和被众人接受。大家对这一技术已经默认其功能性，甚至习惯性使用。这个阶段通常就是我们熟知的某互联网产品、某软件从 2.0 版本升级到 3.0 版本。

阐述了技术成熟周期的五个阶段后，元宇宙已经发展到哪个阶段了呢？

目前元宇宙进入第三阶段，也就是"幻想破灭期"。回想 2021 年至今，元宇宙经历过了第一阶段技术萌芽期和第二阶段期望膨胀期，比如，这两年国内外科技巨头、资本巨头纷纷布局，动辄投入数十亿美元资金，都是因为对元宇宙的期望值过高。

但是，2023 年开始有了不同于"一拥而上"追捧的改变，不管是资本还是科技巨头，对待元宇宙的态度都在慢慢冷却。除去一些故意"唱衰"的声音，大家对待元宇宙不像前两年那么盲目，这标志着元宇宙已经步入第三阶段。

03 未来技术的应用——元宇宙应用场景一览

我们现在感觉元宇宙是一个新鲜事物，让我们陌生的或许只有名字。为什么呢？元宇宙应用场景就好比我们进入一个有别于现实的世界，就好比《红楼梦》中贾宝玉进入了太虚幻境，又比如动漫电影《哪吒》里的哪吒进入了太乙真人的山河社稷图中，元宇宙实际上就是我们能够进入的一个虚拟的世界。

但是，元宇宙既不是梦境，也不是一幅画，而是用科技打造出来的虚拟世界，是用虚拟共生以真实的体验开启的数字时代。随着元宇宙的发展，各项技术都将出现新的突破，技术突破必然会使技术应用于不同的生活场景。

就元宇宙相关领域而言，我国拥有最广泛的应用场景和最大的应用市场。本节笔者将从消费、娱乐、文旅、教育、产业、健康、办公、居住等典型场景进行简述。

第一，游戏领域。游戏领域是元宇宙被讨论最多的领域，因为游戏也被称为元宇宙雏形，再加上游戏本身就是一个虚拟世界，因此，通过游戏可以让用户直观感受元宇宙各项技术。

第二,社交领域。社交作为元宇宙的基本属性,不再局限于文字、图片和视频,而是能够通过元宇宙,利用 VR、AR 等技术,让用户感受更多新颖的社交体验。

第三,影视领域。虚实交互是在影视领域运用比较广泛的元宇宙技术,比如,通过智能穿戴设备,人们在观看电影时能让自己身临其境。未来,通过元宇宙技术让自己身处应景描摹的世界中,观众不再只是被动消费电影内容,而是成为旁观者,甚至扮演其中的角色。

第四,教育领域。元宇宙中的教学不再拘泥于时空条件,通过元宇宙,学生能够更直观地学习知识。比如,现在学习地理知识时,大多通过观看视频加深对地理知识的了解。但是通过元宇宙,可以实现学习与实践相结合的学习模式。

第五,金融领域。区块链技术已经被广泛使用,比如数字货币的出现等。

第六,体育娱乐领域。娱乐体育也是元宇宙的一大应用领域,元宇宙的体育赛事、演唱会等大型展播中,观众能以虚拟形象出现在现场,感受现场氛围,获得更高的参与感。

第七,办公领域。元宇宙办公不是简单的线上会议模式,而是打破屏幕带来的空间阻隔感,通过虚拟数字人处理工作中的人际关系、工作关系等，让自己与同事之间的互动更加自然。

第八，购物领域。通过 VR、AR 技术创建线上购物中心，用户足不出户就可以浏览商品、试穿衣物、下单购买，摆脱实体店的形式束缚。目前，亚马逊已经开始将 VR、AR 技术应用于相应平台，消费者无须出门就可以直接全视角挑选适合自己的产品。

小结——元宇宙不是简单的Web 3.0

很多人将元宇宙定义为 Web 3.0，这个定义是不确切的。首先我们了解一下什么是 Web 3.0。

目前，Web 3.0 没有精确的定义，如果说 Web 1.0 是"可读"互联网，那么 Web 2.0 就是"可读+可写"互联网，Web 3.0 是在 2.0 基础上的技术升级与叠加。

有人认为，Web 3.0 是以强调数据价值归属为核心，简单地说，就是具备去中心化、数据自有、保障隐私等特点才称得上是 Web 3.0。

我们再来看一下 Web 3.0 的特点：

第一，区块链本身具备去中心化的特征，是一个分布式账本，不受任何机构、企业所控制，所以区块链是 Web 3.0 的基本要素。

第二，资料所有权与互通性，Web 2.0 已经是"可读"与"可写"，那么 Web 3.0 在此基础上应该体现"可拥有"。通过区块链技术，一方面，用户可以决定资料的分享方式；另一方面，用户对自己的资料具有绝对所有权。

第三，完善的信任机制，Web 3.0 相较 Web 2.0 最大的特征就是完善信任机制，Web 3.0 比 Web 2.0 更加值得信任。

不过，当前 Web 3.0 仍处于早期阶段，毕竟能够支撑 Web 3.0 的区块链技术还没有达到一定高度，可以说目前的区块链技术处于 Web 2.5 阶段，因为去中心化这一特征至今还没有完善。

综上所述，看到 Web 3.0 其实不是元宇宙，仅是元宇宙的某一部分。元宇宙需要区块链，但区块链只是元宇宙所需技术中的一项，并非唯一项。Web 3.0 需要区块链，并且 Web 3.0 就是区块链技术发展到一定程度的产物。

第四，元宇宙侧重描述人与信息交互方式的升级，而 Web 3.0 则侧重于人与信息所有权关系的升级。元宇宙相应落地产业支撑是 XR 技术、AI 技术、网络通信等技术，但 Web 3.0 的支撑是区块链。

不过，元宇宙和 Web 3.0 还是有联系的，因为区块链是 Web 3.0 的支撑技术，所以，Web 3.0 也可以被理解为元宇宙的基础技术。

第二部分
行业落地：元宇宙×行业落地

第七章
未来商业——元宇宙将改变传统资本

元宇宙将改变我们的生活，在元宇宙搭建成功之后，在虚拟世界中，人们将拥有与现实世界自己完全不同的数字人，这些数字人将在元宇宙获得在现实世界中无法获得的体验。

比如，在现实世界，人们想旅游，需要前期准备，在时间上、路程上、交通工具及金钱方面制订计划，做好充分的准备。

但是，在元宇宙，人们可以从一个国度到另一个国度，可以从一座城市到另一座城市，比如，前一秒还在云南看洱海，下一秒就在哈尔滨感受冰雪世界了。所以，元宇宙是一个平行于现实世界的虚拟世界，而且是现实世界的映射。

随着国内外科技巨头纷纷入局元宇宙，我们必须明白，元宇宙是互联网技术、人工智能等发展到一定程度才能实现的一种可能。元宇宙的出现必将是一次彻底的改革，现实世界存在的行业在虚拟世界中仍会存在，而现实世界不存在的行业和职业却可能出现在虚拟世界。

01 把"梦想"打造成职业——每个人都有机会"跨行"成功

人类的每一次重大进步都是由技术革命带来的，每一次科技革命带来的社会改革也改变了各行各业。比如，第一次蒸汽机革命，蒸汽机使生产效率进一步提升，并且出现了多个行业和多种职业；第二次革命是电气化革命，电力的发现和广泛使用，也使社会出现了很多新兴行业；第三次则是信息化革命，计算机、互联网的出现使信息加工更加便捷，人类也进入了信息爆炸时代，而互联网行业兴起则带动了太多新职业的兴起。

第三次技术革命至今都没有从根本上催生把人类社会代入新时代的技术，虽然这期间也有新兴产业、新型职业，依托于移动互联网的视频、直播等职业出现，但总的来说，还没有划时代的技术出现。

元宇宙的出现无疑是可以与三次技术革命齐平的技术。首先，元宇宙将在现有行业基础上催生多行业、多职业；其次，元宇宙改变了现实世界的分层，在元宇宙，每个人都以自己数字人的新身份进行生活、工作，实现自己在现实世界无法实现的梦想；最后，在元宇宙，跨区域、跨行业的壁垒将一一被打破，实现无差异化，用户以自己所想来参与各行各业，每个人都有机会做自己最喜欢、最擅长的事情，最大限度地释放潜能。

在元宇宙是不存在职业焦虑的，元宇宙打破行业职业壁垒，允许任何用户体验自己想要从事的行业。在现实世界，一名幼师肯定不能因为自己对飞行员这一职业的向往就直接去开飞机，而在元宇宙，幼师可以将自己数字人的身份设定为机长，在虚拟世界中开着飞机在高空翱翔。即便不懂开飞机技术，在VR眼镜的帮助下，我们也能够在游戏场景中开飞机。

之所以说元宇宙是可以改变时代的划时代革命，是因为在元宇宙世界里，信息被极致压缩后，每一个点还被无限放大，通过区块链等技术支持的元宇宙将不同行业、不同职业联系起来。用户的数字人身份将在这样一个平台上释放人类潜能，在这样一个没有边界的虚拟空间进行无限想象，让每一个用户都能在元宇宙成为自己梦想中的"跨行业"者。

在元宇宙世界，用户所用的虚拟身份通过做自己最擅长、最感兴趣的事情来推动人类世界各行各业的技术边界。在元宇宙，我们能够看到日夜在电脑前奋战的程序员成为一名挥动手术刀的医生；在讲台上滔滔不绝讲课的老师此时正在深海中研究珊瑚；一个理财专家端坐在虚拟银行为数字人客户讲解理财……元宇宙，带给我们的不仅是沉浸感体验，还有跨越自我、跨越行业、跨越梦想的人生体验。

02 元宇宙世界的场景——带来全新体验

进入元宇宙，人们能够实现自己在现实世界无法实现的梦想，会跨行业、跨职业，实现自己事业上的梦想，与此同时，也可以通过进入元宇宙实现消费行为。在技术不断进化的元宇宙，人们的消费场景会改变，我们会在其中重新体验无边界消费。

无边界购物。购物是现实世界的我们必须进行的行为。购物包括线下购物和线上购物。线下购物就是慢慢逛、慢慢试、慢慢看，最终买下适合自己的服装、首饰、鞋子等；线上购物就是通过线上购物平台采用看图片、视频和买家评论的方式进行购买。但是，在元宇宙，购买方式不仅限于此。

因为虚实互动设备的升级，人们通过AR、VR技术，在家里就能看到商品立体形象地展现在我们面前，商品几乎与真实商品无异。在元宇宙，人们可以通过自己的数字人身份进行试穿，足不出户就能买到适合自己的服装、首饰、鞋子。在元宇宙，虚拟零售商通过营销手段吸引每一位用户在店里消费。

解锁元宇宙演唱会。线上演唱会也不是新鲜事物了，但是，元宇宙演唱会和线上演唱会还是有区别的：

首先，线上演唱会还是由歌手进行演唱，只是通过线上的方式，而元宇宙演唱会，将是数字人通过元宇宙进行表演。

其次，有时候，我们需要出国才能看到世界顶级流行乐队、乐团的表演，但在元宇宙，我们可以"亲临"演出现场。

最后，互动性，线上演唱会的互动性不强，歌手在线上深情演唱，观众在线下自己家中跟着欢呼，缺少氛围。如果将场景放置元宇宙，虽然大家都是数字人，但演唱会氛围感满分。身处各地的参与者都能够跟着歌手一起唱歌，这种交互性是实现全新表演形式的关键。

元宇宙餐厅。现在我们和朋友一起到某家餐厅或者某人家中就餐，这叫作聚餐。但是，在元宇宙，无论你身在何处，你只需在元宇宙中呼叫你的朋友，两个人就可以聚在一起。

通过AI虚拟技术，将身在两地的朋友利用元宇宙餐厅聚在一起。一个在北京的烤鸭店，另一个在广东的卤鹅店，虽然身处两地，但是两个人却像拼桌一样，边吃边聊。当然，你看到的是通过AI虚拟技术展现的数字人朋友，同样，你的朋友看到的也是作为数字人的你。

超自然公园。公园在我们的生活中是不可或缺的，公园为社区居民提供了休闲、健身、娱乐、玩耍的场地。

在元宇宙，我们可以通过技术建造不同类型的公园。作为虚拟世界，元宇宙可以实现现实世界无法实现的场景。比如，公园置景，我们可以随时改变公园置景，当然，我们也可以在虚拟世界内观赏不同的公园置景。

所以，在元宇宙，我们有很多消费体验方式。这也是元宇宙必须建立完善经济系统的原因，虽然元宇宙是虚拟世界，但在元宇宙我们可以获取现实世界不能实现的购物体验、消费体验等。

03 元宇宙的新兴职业——元宇宙为职业创造更多可能

元宇宙搭建之后，会给现实世界提供很多新职业，更会在元宇宙出现很多闻所未闻、见所未见的新职业。现实世界的我们既可以在现实世界赚钱，也可以在虚拟世界元宇宙中赚钱。所以本节笔者将介绍元宇宙到底能带来哪些新职业。

元宇宙研究专家。就像各行各业都有专家一样，元宇宙从概念跨越到搭建，这期间需要元宇宙研究专家的付出。这些专家主要是通过对技术层面、社会层面和商业层面的研究，研发更好的技术，制定更适合元宇宙持续发展的战略。元宇宙研究专家的主要任务就是加速元宇宙的落地，提升人们在元宇宙的体验。

元宇宙活动策划师。活动策划师，就是专门负责活动管理的职业，如节日、会议、仪式、婚礼等，活动管理涉及研究品牌、目标受众等。一场活动的策划需要与多个机构建立业务关系，需要管理包括预算、日程安排、场地选择、必要的证件、协调交通、安排装饰、保障活动场所安全及应急计划等。所以，人们在举办活动时，往往需要请一个策划团队来实现，每场策划费用不菲。

在元宇宙，人们举办活动时也需要策划师，不同的是，在元宇宙不需要耗费太多精力、财力。比如，我们举行一场虚拟婚礼，只需元宇宙活动策划师一个人即可，天马行空的摄像不需要任何成本。比如，想要在白雪皑皑的雪原举行婚礼，那也是能做到的事情。

元宇宙生态系统开发人员。和很多新技术一样，当新技术落地后就需要有实际操作者，元宇宙是一个虚拟世界，需要建立一个生态系统。简单地说，元宇宙需要开发一个操作系统，就好比现在的智能手机一样，所以开发操作系统就需要专门的人员。除了操作系统外，元宇宙生态系统还包括传感器、KYC 流程、数据湖等元素。虽然现在元宇宙仍然是个概念，但从概念到实现落地还是需要大量人员进行开发。

元宇宙硬件工程师。目前，元宇宙硬件处于研发中，比如运算芯片、云端数据库、通信设施、虚实互动设备等。所以，元宇宙硬件开发相关工作已经在进行中，只是目前这一职业并没有冠以"元宇宙"一词。随着元宇宙的持续发展，世界对这一类工程师的需求会越来越高，并且所设计硬件设备必然比现在的设备水平更高。

元宇宙故事讲述者。首先，这一职业不是以元宇宙为主角进行讲述，而是在元宇宙中进行故事讲述；其次，故事讲述者需要通过自己讲述的故事，让更多用户留在元宇宙，故事讲述者通过提升元宇宙用户黏度而存在；最后，故事讲述者为了引发用户消费，元宇宙是一个虚拟世界，也有自己的经济系统，故事讲述者是元宇宙中每个故事的"销售员"，负责把故事"卖"出去。

元宇宙世界建设者。元宇宙搭建之后，用户就要进入元宇宙搭建自己的小舞台。就好比我的世界等游戏，你需要在游戏里通过各种方式拿到自己想要的材料给自己搭建房子、搭建游乐园、搭建学校，甚至有能力的玩家还可以搭建一座城市。然而，并不是所有人都有时间在元宇宙搭建自己的小舞台、小世界，这时候元宇宙世界建设者这个新职业就有了用武之处。

这些建设者实际上就是建设服务的第三承包商，就好比我们在现实世界找建筑队完成装修一样。元宇宙世界建设者就是元宇宙的建筑队或是建筑第三方。

元宇宙网络安全专家。网络安全专家不是一个陌生的职业，网络安全包括防止、检测和监控未经授权的访问，防止滥用、修改计算机网络和网络上的可访问资源等。并且，现实世界中已经有了网络安全专家，也有对应的网络安全部门，通过对互联网的管理、监督、净化，让我们拥有更加安全的网络环境及更舒适的网络体验。

但是，元宇宙是一个虚拟世界，是一个完全依靠网络的世界，因此，元宇宙网络安全专家将比现实世界网络安全专家更忙。元宇宙网络安全专家主要负责实时拦截恶意攻击，并确保元宇宙的各项法律和保护协议生效。只有元宇宙变成了一个安全的地方，用户才愿意将自己的时间花费在元宇宙中体验不同的人生。所以，元宇宙安全专家将是未来网络安全领域最重要的角色。

第八章
元宇宙+办公——每个人都拥有更多可能

元宇宙的出现将使我们的生活和工作方式发生巨大变化，会渗透人们生活的方方面面，尤其是在办公方面。虚拟世界中的远程办公与协作将变得越来越普及。元宇宙办公模式并不像现在一样是简单的线上会议的办公模式。

很多人觉得元宇宙就是一个不可实现的美好向往，毕竟元宇宙的提出是为了解决物理世界中人们的诸多不便。然而，我们在现实世界中的诸多不便很难通过自身努力改变，因此，很多人觉得元宇宙不现实。

元宇宙虽然在短时间内不可能达到"头号玩家"的水平，但将不少技术引入科技触手可及的范围内。近十年来，随着科技的发展，人们的办公模式从线上打卡到线上会议，而元宇宙出现后，办公模式将更多建立在元宇宙技术之上。

01 线上办公模式再升级——全员沉浸式办公，工作模式大变革

如果没有特殊时期的影响，线上办公或许不会普及得这么迅速。特殊环境下，很多企业都倡导居家办公，线上办公、视频会议等就成了职场人习以为常的工作模式。

不过，我们现在熟悉的线上工作模式大都是通过线上会议软件、直播软件等进行，但是线上工作模式因为缺乏协作性，工作效率远不如线下办公模式。对于职场人来说，比起每天花大量时间通勤，到公司上班，线上办公节省了自己的通勤时间，个人可以充分分配自己的时间。

然而，线上办公模式也有一定的弊端，比如，办公效率、沟通效果不如线下办公模式。

以上，我们讨论的是线上办公，不是元宇宙办公模式。也许有人会质疑，线上办公模式和元宇宙办公模式不是一样的吗？的确不一样。

元宇宙办公模式虽然也是居家办公，但是该模式在家可以拥有和办公室一样的环境，员工们以全息图像的方式进入虚拟空间，与其他同事

互动，通过音频与他人建立有空间感的联系。也就是说，元宇宙办公模式是沉浸式办公，虽然人在家，但却能够置身于一个虚拟的办公环境中，可以与公司同事协作办公。

线上办公的互动仅限于演讲、共享屏幕、聊天等，如果打开视频还要保证自己的形象可以被观赏。但是，元宇宙办公则是运用虚拟的三维现实和空间音频取代视频。用户通过自己的虚拟化身形象在虚拟办公场所进行办公。也就是说，进入虚拟办公场所的是该员工的虚拟化身。

进入元宇宙办公场所时，你的虚拟形象和对方的虚拟形象在沟通时，你能够看到自己的表情和手势，也能够看到对方的表情和手势，这就好像你们在线下办公时沟通互动的场景。

元宇宙办公模式不是简单地利用互联网技术进行线上会议、视频会议等，而是一种能够让每一位在现实世界中的员工沉浸在虚拟工作场所的工作模式。元宇宙办公最大的特点如下：

居家办公节省了员工通勤时间，减少了员工通勤压力，有利于公司出勤管理制度。

虽然居家办公，但是办公环境不受影响，不受员工自己所居住条件、家庭成员等影响，因为虚拟化身置身于虚拟工作场所，所以，员工在家也能够感受积极向上的工作氛围。

保证了工作效率，虽然员工都是在家办公，然而依托虚拟办公场所，所有员工的虚拟化身也在场所中进行工作，员工们通过自己的虚拟化身与同事进行工作上的沟通与互动，不会因为工作沟通不足而降低工作效率。

元宇宙办公模式让员工能够沉浸式办公，一方面让员工节省了每天通勤时间以及不必要的财力消耗，另一方面让公司节省了人力、财力、物力等相关支出。并且，元宇宙办公模式解决了简单的线上办公模式所带来的工作效率低下等弊端。

02 工作场所进化论——不只是简单的线上会议，而是元宇宙办公

上一节笔者提到员工可以通过进入虚拟办公场所办公，本节笔者简单介绍一下虚拟办公场所。虚拟办公场所，顾名思义，就是虚拟化的办公场所，是为了让员工在办公期间有一种工作氛围，但是，虚拟办公场所并不是简单的格子间。

元宇宙线上办公的办公室不是单调无趣的办公大楼，可以是任何一个场景。首先，办公场所可以是线下公司模式，如公司具备前台、会议室、接待室、贵宾室、格子间等，中规中矩地还原公司基础设施；其次，

办公场所也可以是按照想象中搭建出来的，比如公司不变，但是周围却有大型超市、影院、公园等休闲娱乐的场所，员工的虚拟身份不必一直待在工位，也可以在周围的场所内进行沟通互动；最后，免干扰空间，在现实世界中难以实现的一人一间办公室的设想，可以在虚拟办公场所实现，每个人都有自己独立、隐私的办公室。

虚拟办公场所最受欢迎的应该是随时可以装修。在现实世界中，办公室格局在大楼建造时就已经定下来了。但是，虚拟工作场所可以按照用户的喜好随意装修，用户还可以根据时间、心情及天气自由地改变自己的工作环境，也可以随意改变办公室的主题和布局。

如果觉得办公室设置在写字楼太过约束，还可以将自己的办公室设置在森林、大海中，总之，虚拟办公场所就是能够实现人们对办公室的多重想象。

线上办公模式发展至今，已经非常成熟，但是元宇宙办公模式及虚拟办公场所的出现，将提升员工从业幸福感。毕竟，在家办公省去了很多时间和精力，通过虚拟化身，沉浸在虚拟办公场所要比在现实办公场所工作更惬意、舒适。

多样化的虚拟办公场所有利于员工在工作中劳逸结合，只需在家打开电脑，就可以进入自己想要进入的办公环境，可以是轻松自在的，也可以是充满严肃感和正式感。比起每天都身处同样办公环境中办公，虚拟办公场所让每个人都能感受工作的快乐，从而提升工作效率和职场幸福感。

03 元宇宙在职场中的实际应用——选拔人才不再受时间、地域局限

元宇宙的发展是互联网和数字化技术更迭的必然，元宇宙将与我们的生活、工作息息相关，甚至会改变我们现有的生活方式、工作模式。沉浸式工作模式提升线上工作效率，提高公司绩效；虚拟化工作场所提升线上工作幸福感，为公司节省大量财力、物力的同时，让公司提升对人才的吸引力。

从现实职场来看，我们知道一个公司想要引进人才必然要花费不少财力，至少要为招聘的人才提供便利的居住条件。即便如此，有些人才还是要考虑一下为了一份工作前往一座陌生的城市从头打拼，这种选择是否值得。

但是，在元宇宙办公模式中就不存在这样的顾虑，虽然现实世界你和你所选择的工作隔着千万里路程，但是在元宇宙，你的虚拟化身可以通过"瞬间移动"的方式到达公司所在的城市。对于企业来说，遇到合

适的人才，可以直接招聘到公司，并且不需要为其提供薪资待遇之外的便利条件，比如居住的房子、代步的车子等。这只是元宇宙办公中的一小部分，我们来简单了解一下元宇宙办公模式是如何为企业招聘人才打开新世界的。

元宇宙办公模式将比现在已经成熟的线上办公更适合未来职场，尤其是在人才招聘这一领域，元宇宙办公让招聘人才不再受时间、空间、地域的制约。

招聘新员工不再需要消耗求职者与招聘者的大量时间。线上招聘模式已经在应用中，比如通过视频、直播，让招聘者和求职者"面对面"交流，节省了双方的时间。

举个例子，韩国三星集团在 Gather Town 平台举行了大型招聘会，而且不是简单的线上面试。在这个招聘会上，候选人设置自己的虚拟形象，通过虚拟形象与公司人力资源经理进行交谈沟通，沟通的同时，虚拟形象的言谈举止也被公司人力资源经理视为考核内容。无独有偶，普华永道英国公司通过 Virtual Park 的虚拟世界平台，以虚拟化身对虚拟化身的方式进行招聘筛选，人力资源管理者是虚拟化身，应聘者同样是虚拟化身，在短短 6 个月内，举行了 56 场招聘活动，接待了超过 12400 名独立用户，极大地提升了公司招聘规模和效率。

除了招聘，元宇宙还可以用于新员工入职的培训，以韩国现代汽车为例，该公司不仅举办了一场虚拟招聘会，还通过"虚拟之旅"吸引新员工。员工入职后，可以进行一场"虚拟之旅"，了解一下自己的工作环境，并通过沉浸式方式将新员工介绍给老员工，在虚拟办公场所为新员工进行如之前的培训。

通过元宇宙办公模式，人才不再受到任何局限，但是，现在还无法实现这一点，因为能够让员工瞬间移动到世界各地公司办公室的元宇宙并没有搭建起来。

但是，元宇宙通过虚拟化身、沉浸式视频、空间音频等提供的多模式交互方式，可以随着企业的发展提升自己的学习能力，在元宇宙打开一个充满更多可能的世界。

举个例子，Make Real 与沃达丰（Vodafone）合作开发了一个 VR 应用程序，这一程序允许学习者扮演维护人员的角色，安装和维护手机基本设施。如果这样说大家还觉得陌生，再举一个简单的例子，超高空作业的运检人员需要通过攀爬离地面或水面几百米的电缆对其进行检查。这份高危职业并不是任何人都能胜任，为了鉴别自己是否适合这份工作，可以通过 VR 应用程序进行验证。

戴上 VR 智能穿戴设备，自己仿佛置身于离地面几百米的电缆线上进行电缆运检，虽然身上绑着安全设备，但高空作业需要自身的适应能力。这种沉浸式体验不仅可以帮助公司快速筛选出合适的人才，也能够让从业者通过沉浸式体验加快学习速度。

人们能够跨越时间和空间限制共享虚拟办公空间，以虚拟化身形象进入沉浸式办公，同时，企业也能够利用虚拟办公场所打破空间限制、地域限制，在全世界范围内招揽人才，从而缓解全球人才与劳动力供求失衡现象。当元宇宙办公模式真正到来时，我们的职场将以全新的面貌展现，无论是企业还是求职者都将有无限发展。

04 已经照进现实的场景应用——办公领域中的元宇宙技术应用一览

当我们化身虚拟身份处在一个虚拟世界时，这个世界的所有人都是现实世界真实人类的虚拟身份。比如，当现实中的你还在家里，虚拟身份的你已经坐在明亮宽敞的虚拟办公室与来自全世界的同事们开始了新一天的工作。这时候，你还能够看到今天工作的内容和今天会议的内容，虚拟世界的文件在你眼前一一打开，你可以在虚拟世界中做好一份PPT报告。

在元宇宙办公模式中，我们以虚拟形态进行沉浸式办公，跨越任何时间、空间的限制，这一切都是我们对元宇宙办公场景的畅想。而能够实现这一畅想的便是技术，本节笔者将介绍搭建元宇宙办公应用场景必需的技术。

首先，云桌面。在我们所知道的概念里，云储存、云计算都不算是新鲜概念，同样云桌面也不是一门新兴技术。云桌面的主要作用是实现元宇宙办公的移动与协作。

相对于传统PC，云桌面使用的是VDI/VOI等虚拟化技术，这类技术能够让人们随时随地获取桌面数据。通过这类技术，人们能很快获取某一台电脑、手机的桌面数据，无论人在哪里，都能实现远程办公，通过终端设备之间的灵活切换获取桌面信息。

云桌面是比较可靠的远程办公工具，能够在保障数据安全的前提下，让员工随意切换终端。在办公协作方面，随着技术发展，如今很多云桌面产品都能实现不同终端同时获取和使用。

通过云桌面，我们能够将现实世界电脑桌面数据传输到虚拟世界电脑设备上，我们利用虚拟身份对虚拟世界的电脑进行操控。进入虚拟世界后，云桌面横跨现实世界和虚拟世界两种形态进行数据的获取。

云桌面就像虚拟办公室，是高效、便捷、及时的交互载体，从目前的云桌面技术来看，云桌面将在很长时间内成为元宇宙办公场景的核心媒介。即便元宇宙目前只处于概念期，云桌面技术已发展相对成熟，并应用于当前的远程办公、线上办公。

其次，全息投影技术。对于全息投影这项技术，大家并不陌生，很多公司早就对全息投影技术进行研发，尤其是近几年，因为元宇宙概念的出现，对全息投影技术的需求更加迫切。

全息投影技术为元宇宙办公提供了一种更加智能、高效、便捷的沟通方式。例如，通过全息投影技术，用户进入虚拟空间后，还可以进行打招呼、鼓掌、移动等操作，全息投影技术为前沿的硬件与创新软件相结合带来完整的沉浸式解决方案，同样为数字时代下的企业转型注入新鲜的活力。

最后，谷歌公司也布局元宇宙办公技术，比如 Alphabet（GOOG.US）Project Starline 项目计划，研究 3D 视频通话，为使用者提供三维深度的视频聊天系统。与此同时，微软也不甘示弱地推出了自己的混合现实服务 Microsoft Mesh 与其他科技巨头抢占元宇宙办公版图，这一服务主要是将使用者和工作环境等信息联结，通过生成三维图像的形式传送到智能穿戴设备中，从而提升使用者在虚拟世界的沉浸感。

综上所述，元宇宙办公所用的技术已经出现，甚至有的技术达到成熟的水平。元宇宙办公热度不断增高的当下，构建高沉浸式虚拟办公环境渐成趋势，伴随着元宇宙概念，虚拟办公搭载新的载体进入极具潜力的赛道。根据市场调研机构的数据显示，通过对包括来自中国、美国、英国、巴西、新加坡和日本 7500 余名在职员工的调研，其中 44% 的员工更愿意通过元宇宙办公模式进行办公,并且相信元宇宙会凭借技术发展而实现。虽然元宇宙办公应用目前还处于初级阶段,但已让市场看到它有无限可能。

第九章
元宇宙+电商：离元宇宙最近的产业

元宇宙的出现将会打破空间限制，将会让一些物理世界中无法实现的愿景成为现实。目前来看，除了游戏，离元宇宙最近的便是电商。

第一，从应用技术来看，为了实现元宇宙所需要的各项技术，区块链、虚实互交、AI等技术已经运用于电商这一领域。

第二，电商从出现起就依赖于互联网技术，这和元宇宙概念出现后的发展一样，因此，我们说电商是距离元宇宙最近的产业，也是目前元宇宙技术应用比较广泛的产业。

第三，电商App从只看图片到看视频，再到看直播购物，现在一些平台能够通过AR、VR、MR等技术实现消费者视觉、听觉、触觉多感官交互，使得本来只能线上看图片的电商购买行为一跃获得足不出户便拥有线下实体店购物体验感。

01 元宇宙打破电商瓶颈——新玩法推动电商产业发展

传统电商已经发展了二十多年,经历了高峰期之后,开始进入瓶颈期,或者说电商红利正在消退。就像当成绩 80 分时非常容易上升,但是到了 95 分时,上升空间就很少了。

对于大多数电商商家来说,被消费者货比多家之后,到底能不能吸引更多新客源令商家颇为头疼。吸引更多消费者才是商家的核心诉求。

元宇宙的出现让传统电商模式发生改变,但是,却不会让传统电商模式发生巨变,电商能够借助元宇宙打破目前发展瓶颈,却不会发生从"0"到"1"的变革。原因有以下几点:

目前,我们所知道的电商模式包含拥有线下实体店、线上店铺、直播带货等多种形式,然而元宇宙的出现,只是让所有电商在虚拟世界中通过虚拟店铺、虚拟直播间进行带货,听起来好像有所不同,实际上,不过是将现实世界销售模式照搬到虚拟世界。

元宇宙概念的提出为人类社会的数字化转型提供新路径,虚拟世界具有一个完整的数字化经济体系。有人认为在以数字经济体为主的元宇宙，能够让数字商品拥有更多价值，能够模糊线上线下边界，打破无序竞争。但是，元宇宙想要以数字经济体系支撑整个虚拟世界，就需要创建更完善的经济秩序。元宇宙电商或许会打破目前的电商发展瓶颈，但能否打破电商的无序竞争，还不能下定论。

元宇宙概念的提出对传统电商确实有冲击，我们可以从以下三个方面对元宇宙进行了解：

首先，消费者群体。元宇宙的主要用户是年轻人，他们从出生起就伴随着互联网发展。所以，他们非常熟悉互联网的一切，他们的生活、娱乐甚至学习都与互联网相关。

每一个消费群体都有自己的消费习惯，也许消费者会尝试新的消费模式，但是消费者的消费习惯很难改变。对于生长在互联网语境下的年轻人，元宇宙电商想要引领这一消费群体就必须给用户带来更好的体验。

比如，一个"70后"的消费者无法理解自己女儿花上百元买一条根本无法在现实世界中穿的裙子，因为这个女孩买的是一条虚拟裙子。女孩之所以购买这条虚拟裙子，是因为她非常喜欢，购买时的消费体验特别好。通过虚实互交的方式能够发现这条裙子做工精细、配色精美、样式特别，女孩穿上后的效果非常好。

其次，货比三家。元宇宙是虚拟世界，所以其中的产品也有虚拟产品，就像案例中女孩购买的虚拟裙子一样。在元宇宙中购买的虚拟产品可以给自己的虚拟化身使用，比如给自己的虚拟化身购买所有可以用得到的产品。

最后，商品展示。在电商发展的最初时期，人们主要靠图文展示产品，消费者看到的图片并不能如实展现商品，消费者也很难了解商品的全貌，在这一时期，消费者购买的产品很多时候都会因为色差等原因导致购物体验不够好。电商升级之后，就出现了短视频、直播等方式，消费者能够通过更加直接的感官看到产品的全貌，产品的细节部分也一览无余，但是因为短视频、直播可以开启滤镜等模式，导致即便是动态的直播，所看到的产品颜色与实物还是存在一定差距，不过比起早期的购物体验，已经升级了；而元宇宙电商代表着电商的新发展，通过元宇宙技术应用，消费者能够身临其境地选购商品。分明是线上购物，却能够拥有线下购物体验。

在现实世界中，将元宇宙技术应用于电商购物已经不是新鲜事了。Amazon Fashion一直在为顾客创造有趣、创新的购物体验。比如，数以万计的消费者经常在亚马逊商店使用亚马逊的AR购物技术，这一技术能够让消费者虽然是在网上购物，却可以试戴、试穿其中一部分商品。比如，很多消费者热衷于眼镜的虚拟试戴，消费者可以任意在亚马逊选择多个品牌的数千款眼镜进行试戴，从而选出最适合自己的那一款。

无独有偶，沃尔玛应用程序上有一个"View in your space"横条，这是可以将300件家具和家居饰品，展现在自己家摆放的样子。也就是说，你想买一个柜子，通过启动"View in your space"横条，打开手机摄像头就可以看到这个柜子放在你家中哪个位置最合适。这项新功能利用触觉反馈技术，防止物品被虚拟摆放到房间的边界之外，以确保精准反映出商品3D模型在特定空间的呈现效果。

这种技术运用之后，能够带给消费者更好的消费体验，并且有力推动电商发展。同样，元宇宙电商不再受物理惯例的局限，能够提供多种交易场景，带来新的行业模式、新的客户、新的市场，在这背后隐藏着的巨大潜力。

02 营销新生态不再是"以人为本"——代言人虚拟化将更益于商家

营销是商家必须掌握的本领，为了能够让产品销售得更好，很多有实力的商家会选择知名的代言人为其代言。说到代言人，大家都不陌生，就是知名的影星、歌星等为某一产品代言，消费者也对明星代言习以为常。不过，如果代言人品行有瑕，会导致其所代言的产品被消费者抵制。

选择代言人对商家来说就跟"押宝"一样，稍有不慎自家品牌、产品就会被代言人"波及"。此外，达人直播带货也一样，我们看到很多网红带货，一旦达人品行有瑕，或多或少都会影响产品的销售。

所以，虚拟偶像代言慢慢成了主流，因为虚拟偶像本身就是虚拟化身份，不存在品行问题。一个虚拟偶像毕竟是虚拟化身份，不是真实存在于现实世界，虚拟偶像的粉丝们自然就成为虚拟偶像代言产品的消费群体。

其实，现在代言人已经不再被消费群体关注，而大家的购买行为也从线下一跃到了线上，并且，比起看着图片自行琢磨着购买，现在更多的消费者喜欢看直播直接下单。直播带货时至今日竞争得更加激烈。

年轻一代逐渐成为当下社会的主力消费群体，他们开始为自己的兴趣和体验感埋单。举个例子，如果让一个"70后"的消费者为虚拟歌手洛天依埋单，可能性比较小，但是一个"95后"消费者就会购买虚拟歌手洛天依的相关周边产品，为洛天依埋单。

现在，越来越多的虚拟IP涌现，它们拥有众多粉丝，甚至比真人明星还具有影响力。商家选择代言人或者带货主播时，看的就是代言人或主播的个人影响力。比如，海尔在"阳小葵漫游奇境"主题直播新品发布会中，也亮相了动漫IP阳小葵。

虚拟IP带货能够快速形成粉丝闭环经济，让其具备内容差异化优势。而这一优势已经被淘宝、抖音等电商平台察觉。早在2020年时，淘宝直播就表示平台会重点扶持二次元虚拟主播，无独有偶，同年抖音上线了元气学院系列活动，以"短视频+直播"的形式鼓励二次元创作。

虽然的确有一些成功应用虚拟代言、虚拟主播的案例，但是，我们还需要更加理智地看待虚拟化身份、数字人在营销方面的优势和弊端。比如，虚拟主播能够在直播中展现出更加新颖的直播形式，并且可以做到全天24小时不断直播，随时与消费者互动，不会因品行问题影响商家的产品、品牌声誉。

但是，弊端也是显而易见的，直播面对的是现实世界的消费者，主播们需要通过"动之以情，晓之以理"的情感打动消费者，或者引起消费者情感共鸣，从而实现商品销售。毕竟商品同质化现象太严重，主播带货全靠魅力，同一款产品，差不多的价格，想要消费者购买就看主播的能力。相对来说，虚拟主播的个人感染力、与消费者互动能力比较弱，不容易打动消费者。从技术上看，虚拟主播相关技术不是很成熟，不管是从虚拟主播的形象行为还是从直播过程来看，虚拟主播都做不到如真人主播般流畅。

但是，虚拟主播的出现具有重大意义，虚拟代言人、虚拟主播对于商家来说更加稳妥，比起可能存在风险的真人明星，商家更喜欢选用虚拟代言人。并且，对于消费者来说，猎奇是天性，所以，消费者也喜欢在趋同里找不同，因此，新奇的虚拟代言人会让消费者主动了解产品、品牌。

据艾媒咨询（iiMedia Research）数据显示，2022年54.1%的中国网民表示会为虚拟人消费，39%的网民表示视情况而定，仅6.9%的网民表示不会为虚拟人消费。因此，虚拟主播在5G时代下，利用VR、AR等技术，将具有更大的发展空间。

元宇宙承载虚拟数字人的出现绝非偶然，代表着元宇宙的发展形态被业内认可且关注，还有更多的商业可能性等待挖掘。因为虚拟营销的出现，营销新生态不再"以人为本"，而是"以体验为本"。

03 传统电商在布局中加入元宇宙技术——新时代的消费者正在体验虚拟消费

元宇宙是一个虚拟数字世界，通过数字形态承载的虚拟世界，特征就是拥有丰富的沉浸式体验。元宇宙拥有完整的数字经济体系，用户可以在元宇宙创造、购买和销售商品等，在虚拟世界实现现实世界的一些经济行为。从目前的技术水平来看，想要实现这样虚拟的场景还需要时间，不过，在元宇宙概念出现后，已经切切实实地影响着消费者的消费心理和消费行为。

生活在现实物理世界的消费者已经开始在虚拟世界逐步复制消费习

惯，比如，购入数字房产、汽车、艺术品等。这虽然听起来有些不可思议，但实际上人们正在虚拟世界进行交易。在一些游戏中，就有很多人斥资购买虚拟土地或建造虚拟豪宅。以上案例足以证明虚拟世界同样是一个广阔的数字消费世界。

在真实的物质世界中，日常消费的主要作用是满足日常生活、工作的需要，并且通过消费与他人形成差异，消费不仅是满足自己的需求，更是一种代表自己与别人不同的符号。

为什么消费被视为人与人之间差异化的符号？不同收入水平在购买同一物品时的选择不同，比如购置一件上衣，月入三千元的消费者可能会以价格实惠为主要条件，但是月入三十万元的消费者则可能以奢侈品牌为主要条件。同样购买上衣，两者的差异化直接显现出来，消费就成为个人符号。

与现实世界不同，虚拟世界的消费心理需求更倾向于尊重需要和自我实现需要。毕竟，虚拟世界中的虚拟化身并不像现实世界一样从出生就被定义，元宇宙中，可以选择与现实世界完全不同的身份，并且拥有建立、编辑最终身份的可能性。所以，身份不能一概而定，消费行为也就不会成为展现人与人之间差异化的个人符号。

消费者越来越期待无障碍、具有预期性和相关性的体验。在虚拟世界中，经济和市场运作的基础还涉及稀缺性。因为稀缺性的支持，元宇宙才能够发挥更大的价值。

很多人认为元宇宙作为数字虚拟空间，数字资产应该是无限的，是取之不尽、用之不竭的，但事实并非如此，虚拟世界的稀缺性是通过技术手段达成的。例如，信息防扩散技术、同态加密隐私计算技术、码链非同质化证书等，对数字资产进行权利管理。加之元宇宙的区块链技术具有不可篡改的性质，数字资产是无法轻易被编辑修改的。通过这些手段，保证了经济和市场运作的稀缺性。

对虚拟世界的数字经济有了大概了解之后，我们还是回到现实世界年轻一代消费者正在体验的虚拟消费行为。"90后"作为从出生就伴随互联网成长的一代，在消费市场中爆发出巨大的能量。在"90后"消费者的推动下，消费升级成为新趋势。消费升级的本质是消费者要求多变化、要求多样化。

在我国，天猫、京东这两大电商平台先后发布了AR相关的虚拟购物热潮，在布局上，推出AR实景购物、虚拟试妆、虚拟试衣等多种AR产品，为超过200个合作品牌提供丰富的AR购物场景。AR虚拟购物的推出，为平台带来大量的订单，并且降低了平台整体的退货率。

元宇宙为商品提供了与消费者联结的新途径，在未来营销的过程中，虚拟购物方式不仅能够增加客户数量、提升商业价值，还将用户的利益放在首位，提升用户购物体验感，符合当下"体验为王"的消费趋势。

第十章
元宇宙+工业：智能制造的未来前途

元宇宙不仅可以改变我们的生活方式、消费习惯，也正在改变现实世界工业发展模式。说到工业元宇宙，就不得不提"数字孪生"。笔者在之前章节也讲过数字孪生，所谓数字孪生，就是一个存在于现实世界的实体，这个实体可以是一个小零件，也可以是一座复杂的城市；与此同时，这个存在于现实世界的实体还有一个与之一模一样的"孪生兄弟"，这个"兄弟"是虚拟的、数字化的。但是，这个数字孪生体不仅是对现实实体的虚拟再现，还能够模拟对象在现实环境中的行为。举个例子，现实世界的医生可以在虚拟世界中把患者病情重现出来，并且以此作为模拟，最终获得最优的手术方案，这不是痴人说梦，而是医学领域已经实现的技术；此外，以导航软件为例，应用视频导航功能，用户能够看到城市实体道路都以虚拟模式呈现在视频中，这使用的就是数字孪生技术。

数字孪生技术是元宇宙基础技术中的一项，那么，元宇宙工业到底给工业发展带来哪些改进？

01 智能制造升级正在应用于元宇宙——从科幻电影看重工硬件和工业自动化产品

元宇宙使智能制造进一步升级，确切地说，是元宇宙技术的升级使智能制造进一步升级。尤其是数字孪生技术的应用，使工业领域发生了巨大变革。数字孪生帮助企业创建虚拟工厂，通过虚拟工厂运作得到有效数据，再对数据进行分析，最终获取最佳运作方案；VR技术使产品设计不再无限耗材，能够减少产品设计过程中的试错率，实现降本增效；虚拟场景的搭建为企业提供了多种营销场景，为客户带来更优质的体验。

在所有应用于工业的元宇宙技术中，数字孪生具有非常重要的地位。笔者前文中提到过，数字孪生是一种将现实世界映射到虚拟世界的技术，通俗地讲，就是一个虚拟系统上创造数字版的现实世界。就好比，在某一处放一面镜子，镜子所照范围内房间里的摆设都如实地呈现在镜子里，不过，简单的镜像化与数字孪生技术下所创建的虚拟世界最大的区别就是后者能"动"。

这样的动态是来自本体传感器上的数据反映，即本体状态变化和外界环境的变化，会同时呈现在虚拟克隆体上。比如，我们开车的时候打开车内的道路导航系统，可视化的道路导航系统可以将现实世界的道路状况一览无余，除能够直观看到道路是拥堵还是畅通外，还能够提前听到红绿灯变化或减速提醒。路况信息不是一成不变的，拥堵的路线会慢慢畅通，一开始畅通无阻的路线也可能变得拥堵，但是道路导航系统总是能够做到与现实路况变化一致。

数字技术的特性不仅方便我们的生活和出行，在智能制造业上，也展现出极强的可塑性。以航天制造为例，在数字孪生技术未出现之前，所有制造航天飞船的过程中都存在大量试错。航天飞船在构建时，需要精准的数据作依据，搭建一个宇宙飞船以及在后期模拟飞行中，整个过程耗费的人力、物力、财力都是巨大的。但是，数字孪生技术的出现，就让研究人员可以通过构建一个和飞船一模一样的虚拟模型，并且能够进行无数次的模拟飞行，从而降低了研发成本，提升了研发效率。

其实，在航天事业中，可以运用的元宇宙技术并不只有数字孪生，还包括AR、VR技术。通过数字孪生技术创建虚拟航天飞船，利用AR、VR技术可以进行无数次的模拟飞行，还可以利用AR、VR设备进行数据追溯、故障点精确定位、远程操控、诊断恢复等工作。最终将测试数据进行分析，从而得到最精准的数据，再投入到真实的制造中。

我们再举一个例子，每一台航空发动机的飞行履历和飞行环境不同，所以维护起来就会有很大的差别。对于航空发动机的数字孪生应用，是通过建立每一台航空发动机数字孪生模型后，对于正在空中运行的航空发动机进行实时监控，一旦出现故障隐患，可以通过对数字孪生模型的分析来预测风险等级，及时进行维修维护，这显著提升了飞行安全性。

由此可见，数字孪生已经运用于各类场景的创建，包括智慧社区、智慧城市。如果说智能制造是一款游戏，那么数字孪生技术就是游戏引擎，游戏引擎的作用是对游戏中所有的设备、场景、人物等进行赋能。

随着企业数字化转型，产品越来越注重个性化，产品的更新迭代速度越来越快，这就对制造业提出了越来越高的要求。在这一前提下，数字孪生就成为制造业中的关键技术，并且在制造业中拥有广泛的应用场景。

首先，产品的数字孪生应用能够覆盖产品的研发、工艺规划、测试等各个生命周期，因为数字孪生是在虚拟世界操作，并不会耗费企业太多的人力、物力，还能够帮助企业推进数字化升级。

其次，数字孪生技术不仅可以应用于工业制造方面，还可以应用于工厂管理，在工厂设计、建造、生产线调试、工厂运行监控等方面，通过虚拟工厂，对现实工厂进行事无巨细的观察与改进，提升企业管理。

最后，数字孪生还可以在供应链管理领域应用，比如车间物流调度、运输路径优化等。

数字孪生技术能应用于制造业的方方面面，很多企业已经将数字孪生应用于工厂建设、工厂管理中。举个例子，一家食品公司从生产食品到销售食品，将数字孪生技术应用于相关业务：

作为食品公司，产品更新速度快，新产品耗材大，为了降本增效，最直接的方法就是采用创建虚拟工厂的模式。虚拟工厂与目前食品公司所管理的工厂是"孪生"关系，在虚拟工厂进行研发、测试，得到的数据直接应用于现实工厂，缩短产品生产周期。

通过数字孪生技术对设备进行预测性维护，工厂所使用的生产设备大都进价昂贵，而且有一定的使用期限。在使用过程中，如果不能及时保养、修护，设备可能提前就报废了，若是再购进新设备，对于企业来说就增加了生产成本。通过数字孪生对设备进行预测性维护，延长了设备的使用时间，设备使用时间的增加就直接降低了产品成本。

随着制造业和各类型企业对数字孪生技术的不断探索，数字孪生技术逐渐推广，应用到新产品、新工厂中，元宇宙智能制造也将变得更智能化、更人性化。

02　赋能工业设计——提供智能制造场景

元宇宙技术进入工业制造环节，提高了制造业企业的效率。企业通过元宇宙相关技术搭建智能制造场景，通过数字化工厂综合管理虚拟现实系统的应用，提升了企业生产效率。

数字化工厂综合管理虚拟现实系统的关键技术就是数字孪生，这一系统的搭建，以生产要素为基础，对共享的产品设计、生产设备、生产流程、工厂管理四大部分统一进行数字化建设。通过元宇宙技术对工厂进行综合管理，企业能够对整个生产过程进行科学规划和监管，为企业降低成本和增强效能。

与此同时，企业能利用VR、AR技术进行产品调试，在提升工厂制造效率的同时，最大限度避免产品缺陷。将元宇宙技术应用于制造中，缩短了产品开发周期，提高了企业产品设计效率。

随着越来越多的公司采用物联网和大数据，数字孪生技术越来越流行。我们来看一下元宇宙技术为制造业带来的六个方面的改善：

第一，产品设计。产品设计是产品制造的第一步，这一步骤中的关键技术就是数字孪生。通过数字孪生将虚拟原型设计出来,再在虚拟原型的基础上进行调整,通过测试得到精准数据,最后再投资设计实体原型。这样就直接减少了产品投入生产所需要的迭代次数,直接缩短了产品上市周期以及节省了产品的成本投入。

第二,工艺优化。在制造业中,可以创建虚拟工厂,从而监控工厂的运作过程。这就包括每一条生产线,产品在经过每一条生产线之后,从原料成为产品,在数字孪生技术出现之前,生产线上生产的产品并不是百分之百合格,但是又难以监测。随着虚拟工厂的出现,通过生产线上的传感器,可以监测工艺过程的数字孪生并分析重要的性能指标,从而在生产过程中进行干涉,将生产过程中的工艺进行优化,降低残次品概率。

第三,质量管理。在生产过程中,监控和响应来自IoT(Internet of Things,指传感器嵌入到周围物体中进行联网,从而物体之间、物体与人之间可以相互通信的状态)传感器,即物联网传感器,物联网传感器所收集的数据对于保持最高质量和避免返工至关重要。当然,物联网技术也是元宇宙关键技术之一,通过物联网传感器获取数据后,数字孪生模型可以对生产过程的每个部分进行建模,以识别发生误差的位置,或者可以使用更好的材料和流程。

第四,供应链管理,顾名思义,就是对供应链的管理。供应链管理是指使供应链运作以最小的成本达到最优，令供应链从采购开始，到满足最终客户的所有过程。在这一过程中，要遵循的原则有：根据客户所需的服务特性对客户群进行划分；根据客户需求和企业可获利情况设计企业的后勤网络；掌握市场需求信息设计更贴近客户的产品；时间延迟；策略性地确定货源和采购与供应商建立双赢的合作策略；在整个供应链领域建立信息系统；建立整个供应链的绩效考核准则等。

供应链管理中运用数字孪生技术，跟踪和分析关键性能指标，如包装性能、车队管理和路线效率。它们对于零库存生产或按序生产以及分析分销路线起重要作用。

第五，预测性维护。通过VR、AR技术应用，可以直接对所使用设备的数字孪生体进行监测，在设备发现问题前进行预防性修护，使设备延长使用时间，从而降低企业成本的投入。当然，设备预测性维护还可以帮助优化负载水平、工具校准和循环时间，整体上有利于工厂运转，提升工厂生产效率。

第六，跨学科合作。来自数字孪生的运营数据随时可用，并且数据具有精准性和可靠性。这些通过工厂制造过程得到的实际数据还可以轻松地跨学科共享，从而实现协作。并且，虚拟工厂所产生的数据能够帮助企业及时调整生产线和更快地制定决策。

虚拟工厂所提供的数据也有利于企业对客户体验进行深层分析，数字孪生通常用于收集数据，从而提供关于产品性能、分销和最终用户体验的信息。这些数据可用于帮助工程师和设计师改善客户对产品的响应，特别是通过定制化和易用性方面。

所以，元宇宙技术中数字孪生、VR、AR 技术、物联网等关系制造业的发展。对于工业必不可少的关键技术数字孪生来说，随着企业学习如何使用数字孪生来提高生产率和降低成本，数字孪生会发挥越来越大的作用。展望未来，数字孪生技术正在成为革新产品开发的关键技术。

03 人工智能的应用——智能制造的改变

上文中我们了解了元宇宙技术中的数字孪生、AR、VR 技术、物联网技术等对工业、制造业的影响，本节笔者从人工智能入手。工业、制造业用以维系生产发展的工业硬件，也就是大型的工业设备，从手动操作、手动化管理，进一步升级为半自动化，最后到自动化，现在来看，很多设备已经实现智能化。

这就带给我们一个问题：在元宇宙工业中，给工业硬件设施下命令的到底是人类，还是人工智能？

其实，在制造业应用中，人工智能本身就是一个非常广泛的主题。

人工智能有许多不同的方法和技术范畴，包括但不限于机器人技术、自然语言处理、机器学习、计算机视觉等，这些都是不同的技术。

在制造业中，运用人工智能技术已经不是新鲜事，人工智能研究机器无须人工干预即可处理信息和作出抉择的方式。举个例子，我们人类不具备处理数据和大型数据集中处理的能力，但是，由人类研发的人工智能却可以轻松地对制造机器的传感器数据进行自主分析，并从数据中发现几周内需要维护的异常数值。

我们看益智类节目《最强大脑》时，会发现有些人的确对数字非常敏感，但是，如果从大量数据中找到异常数值，即便"最强大脑"也是有困难的，人工智能却可以在最短时间内发现异常数据并作出反馈。

人工智能之所以智能地分析，是因为人工智能机器人所具备处理自动化，虽然机器人处理自动化是软件任务自动化，但是它将流水线机器人的原理应用于数据提取、表单完成、文件迁徙和处理等。比如，一家自动化工厂的现场，从外观上看，是无数个机械臂在同步运作，零件由运输带运输，由机械臂安装。但实际上，真正操作这一运作行为的是软件命令。

人工智能在工业、制造业中的重要作用主要体现在以下三个方面：

第一，人工智能驱动视觉检测。视觉检测就是用机器代替人眼来作测量和判断。在制造业中，质量控制是人工智能应用最重要的环节。人工智能出现之前，检查流水线产品质量的是人工，对于一些显而易见的产品缺陷，人工检查是没有问题的。但是，很多精密仪器零部件在进入生产线后，微小的缺陷并不是一个视力好、细心的人能够察觉的。无论检测人多么细心，也会忽略一些不良品。

人工智能虽然会犯错，但犯错率远远低于人工，使用摄像头和物联网传感器等硬件，人工智能软件可以分析产品以自动检测缺陷。然后，计算机自动决定如何处理有缺陷的产品。所以，视觉检测环节需要人工智能，减少不良品流出生产车间流入市场，从而使制造过程受益。

第二，自然语言处理。自然语言处理是指利用人类交流所使用的自然语言与机器进行交互通信的技术。现在很多能够与人类聊天的机器人被研发出来，这些智能机器人由自然语言处理提供支持，这是制造业中一个重要的人工智能趋势。具有反馈功能的机器人能够帮助企业提出工厂运作中的各类问题，并且在工厂运作过程中发现设备故障等会直接提出帮助请求。

人工智能中的自然语言处理实际上就是当设备遇到一定问题时，不需要维修人员去研究问题出在哪儿，而是由一台检测设备运作的人工智能直接向维修人员反馈，这样就节省了设备维修的时间，使维修人员迅速找到问题并及时维修。

第三，网页抓取。网页抓取主要有三个方面，搜集新出现的网页、搜集那些在上次搜集后有改变的网页、发现自从上次搜集后已经不再存档的网页，并从库中删除。所以，制造商可以利用自然语言处理，更好地理解通过网页抓取任务获得的数据。人工智能可以扫描在线资源以获取相关行业基准信息，通过网页抓取改变网页，这样操作有利于优化整个设备的运营。

在制造业领域，数字孪生是重头戏，VR、AR技术也占据一席之地，那么人工智能在未来制造业领域是怎样的存在？

人工智能在制造业中将与其他技术一样处于重要位置，比如，通过人工智能对数据进行收集、分析，最终使用这些数据改进制造中的各种任务。随着工业物联网设备的普及、使用和有效性的提高，人工智能与物联网相辅相成，从而在工业制造中获取更精准、更有效的数据。

第十一章
元宇宙+金融：虚实交融共进下的金融体系

元宇宙概念的出现引起了各个领域的注意，包括金融行业。目前已经有多家商业银行探索元宇宙。比如，百信银行，推出 NFT 数字文化藏品；中国银行深圳分行运用 3D 虚拟展示、感知交互等技术，将实时形成虚拟贵金属进行销售；桂林银行推出"元宇宙数字人 2.0"，以 AI 虚拟人为载体，为用户提供更智能化、人性化、沉浸式的金融服务。

当前银行探索元宇宙主要有三大方向：虚拟数字人、数字藏品和虚拟营业厅。银行业发展至今，商业银行竞争日益激烈，商业银行正处于深度转型中，只有借助元宇宙，顺应市场热点、拓展品牌影响力，才能在竞争中立稳脚跟。

不仅商业银行积极探索元宇宙，整个金融行业都在积极探索元宇宙在金融领域的应用。毕竟，利用元宇宙技术可以优化金融产品和服务创新，能够大幅提高服务效率、提升客户体验等。

01　金融领域的改变——虚拟员工与虚拟网点正在服务客户

元宇宙在金融领域得到越来越广泛的应用，数字员工是应用之一。

目前，多个商业银行已经推出虚拟员工服务客户。早在 2019 年，浦发银行就推出了首位虚拟数字员工——"AI 驱动的 3D 金融数字人"小浦，此后，南京银行推出数字员工楠楠、晶晶；平安银行推出数字员工苏小妹；百信银行推出数字员工 AIYA 艾雅；宁波银行推出数字员工小宁……

宁波银行的小宁能够回答 500 多个常见业务问题，并且由此衍生 3000 多个与业务相关的问题，通过运营管理平台，每天新增 50 多个问题话术，从而协助银行大厅工作人员服务客户。

其实，不只是商业银行在积极推出数字人，包括金融界各个行业也在发力，比如各家券商的 AI 主播齐齐亮相。2022 年国泰君安推出数字人小安。小安能兼顾业务办理和投顾服务，在服务过程中不仅能进行简单的业务办理，更能覆盖智能咨询、智能交易、智能理财等智能投顾服务，实现职场上"一个萝卜多个坑"的工作模式。

与此同时，2022年，公募基金也推出了首个数字员工灵汐，灵汐的工作是与基金经理同框进行直播，进行线上路演等工作。而红杉中国推出的数字虚拟员工Hóng的工作内容更加复杂，Hóng的工作岗位是投资分析师，能够在1秒内阅读上百份商业计划书，将行业研报数据结构化、可视化，并且将研报内容翻译成多种语言版本。最重要的是，Hóng能够随时随地进入工作状态，别人是来一场"说走就走的旅行"，Hóng是开启了"说干就干"的工作模式。

通过上面的例子不难看出，数字员工具有很多现实员工所不具备的优势。比如，工作内容多样化，可以处理越来越多的金融问题；工作时间无上限，能够做到一天24小时无休；工作效率可以通过软件升级而不断提升，通过互联网随时更新软件版本，逐步提高业务能力。

对于金融行业数字员工来说，难点在于专业服务能力的打造，与客户进行沟通时，解决问题的能力及与客户之间的情感交流等。金融业的数字员工需要实打实地完成工作任务，而不能是只会傻笑摆姿势的"吉祥物"，各个银行也非常清楚这一点，因此，有业务能力的数字员工才是金融界的"抢手货"。

虚拟网点是元宇宙技术在金融领域的未来应用，传统金融服务都是在物理网点为客户提供服务，也就是我们平常去的某银行某支行，而未来商业银行则通过元宇宙技术把网点虚拟化。

随着技术的发展，商业银行可以通过数字孪生、AR、VR技术、人工智能、物联网等元宇宙技术组建一个逼真的虚拟银行网点、理财中心、个贷中心等。利用元宇宙技术优化金融产品和服务创新，提升服务效率和客户体验，降低银行运作成本。

虚拟网点在让客户更方便的同时，也能让商业银行在竞争中突破瓶颈。目前商业银行的确存在发展痛点，比如，客户多，但是客户经理数量有限，导致客户服务跟不上，大量客户流失；又如，银行网点成本较高，人力成本、租金成本高昂，且呈逐年增长趋势，整体投资回报低。

我们看第一个痛点，银行获取大量客户本身是一件好事，毕竟客户是商业银行的服务对象，但是，客户经理数量有限，只有少量客户才能够享受客户经理的专业服务，由此导致众多客户不能享受银行专业的金融服务，这些客户也就成为银行的"睡眠"客户，银行无法从这庞大比例的"睡眠"客户身上获取任何利润。

举个例子，我们每个月去银行存3000元钱，作为普通客户，我们从取号到存钱，都是在银行大厅完成，没有专业客户经理服务，所以，存取流程结束就离开了。如果有专业客户经理服务，可能就会了解每月3000元钱存在储蓄卡不如进行理财以及如何用每月几千元钱理财以获取更多收益，客户对此了解之后，就会动心。

如果数字员工能够普及银行各个网点，对每一位进入银行网点办理业务的客户进行产品推荐等，就有可能为银行赚取更多利润。

再来看第二个痛点，租金成本高、人力成本高，对于银行来说是很大的压力。但是，减少网点又会流失大量的客户，这一痛点的解决方案就是搭建虚拟网点。

由于数字人银行员工和虚拟网点等都可以时刻在线提供服务，客户可以随时得到金融服务，随时解决金融需求。如此一来，社会资金在流转过程中会突破时间、地域限制，会更加顺畅，交易更加便捷、快速。人们手中的资金能够得到更加合理、专业的运用，同时带动整个社会的经济快速稳步发展。

元宇宙金融体验实际上就是数字金融体验，客户数字化金融应用比例越来越高，金融业将得到更全面的发展。商业银行踏踏实实做好数字化转型，其中包括推动数字人员工的普及、建设虚拟网点等，做好数字客户营销、数字客户服务管理，凭借元宇宙金融提升自身在金融领域的竞争力。

02 数字技术创造价值——元宇宙为金融带来"硬核技术"

元宇宙对社会各个方面都将产生深刻影响,尤其是对商业银行来说,元宇宙金融对其影响更直接、更全面,元宇宙金融将银行业的场景金融发展推到更高的高度。我们从以下方面来了解一下元宇宙金融对银行业的影响:

第一,元宇宙金融推动场景金融的技术创新。元宇宙在感官和技术应用上的突破对于银行场景金融中客户体验等方面有非常大的影响。对于银行业来说,银行数字化转型是必然的,元宇宙带来的场景金融势必会进一步推动数字化转型,尤其是商业银行,目前亟待解决的问题是基础设施、技术水平、人员配置等,在现实世界无法获取最优解决方案,通过元宇宙技术能为此带来改变。

第二,提升场景金融服务效能我们说银行业被元宇宙影响,其中最大影响是场景金融服务的应用,元宇宙金融提升场景金融服务效能表现为以下三点:第一点,通过元宇宙进一步改善场景金融下的客户体验,让客户能够打破时间、空间等距离，随时随地实现银行金融业务交割，享受银行各类服务；第二点，随着元宇宙技术的不断更新，银行业可以为不同客户提供更加丰富多样的场景金融应用，这些应用更趋于综合化、个性化、虚拟化，让客户可以"随心所欲"进入不同的场景金融应用中；第三点，元宇宙将通过技术升级推进银行业向元宇宙服务生态拓展和延伸。

第三，实现场景金融中的虚实融合。元宇宙最终是虚实交互的平台，银行业可以通过数字孪生、区块链、数据交互、AR、VR等技术，从根本上解决场景金融中信息不对称、信息量小、信息之间难以互相验证等问题。

第四，改变场景金融中客户交互方式。银行业可以通过5G、人工智能等基础知识的应用和硬件产品的创新，改变客户的交互方式。比如，运用AR、VR等设备可以将虚拟世界的各个要素有效连接，最终形成虚实结合的方式。商业银行的客户从线下交互转为虚实交互，使交互方式更加立体化、现实化、多样化，有效地提升了客户的交互体验和效能，更容易留住客户，增强客户黏性。

第五，提升客户场景体验。元宇宙赋能场景金融，主要是通过金融产品、沉浸式陪伴等来改变当前客户体验。在元宇宙场景金融中，客户可以通过更加直观、便捷的方式体验各类金融服务，基于数字孪生技术和区块链技术，银行会为客户提供多维度、多流程的新场景体验。简单地说，就是改变现在单一的客户体验场景，让客户进入银行享受到更舒适、更便捷的服务，更能够与客户产生共鸣的场景，从而丰富客户的体验，提升银行的经济效益。

综上所述，元宇宙金融为金融行业、银行业的确带来不小的变革，但是元宇宙作为一项新型的数字技术，产生的时间不长，所以，融合到具体业务场景中，所有模式都是在磨合、探索中。不过，元宇宙所应用的技术并不是随着元宇宙概念而来，有的技术，比如数字孪生、区块链等已经达到了一定的水平，虽说不足以实现元宇宙，却可以应用于现实物理世界，并且取得不错的效果。

元宇宙金融发挥数字技术在元宇宙赋能场景中的核心作用，以大数据、区块链、人工智能、物联网为代表的数字技术已经开始使银行业充满更大的可能：大数据技术应用，可以收集海量数据信息，进行整理、分析，最终成为决策，这一技术主要用于市场营销、风险防控等方面；大数据技术能够在场景金融应用中及时发现问题、解决问题；区块链技术的应用更加广泛，区块链技术采用分布式记账原理，具有信息不可篡改性，在场景金融应用中可以获取金融参与主体的真实信息，并且完成自动结算交易等；物联网技术通过远程射频、传感技术等的应用，可以对场景金融中线下的所有实物场景进行全面的记载、跟踪和反馈，从物质形态上对场景金融中的风险进行有效的控制和管理；人工智能技术早已应用于场景金融、金融服务及管理中。人工智能不仅可以替代人类进行计算功能，还具有自我学习能力，为银行等金融行业更好地发展提供了最智慧、最有效的技术支持。

第十二章
元宇宙+游戏社交：虚拟让我们体验充满想象的娱乐

元宇宙是要构建一个与现实世界一样的虚拟世界，并且能够通过真实世界进入虚拟世界，这个虚拟世界必须具备持久性、稳定性、感知性强的特点。在元宇宙出现之前，多人线上开放游戏或多或少具备了这些特点，因此，游戏也被称为元宇宙的雏形。

很多技术的确先应用于现实世界的游戏和社交，比如《我的世界》等游戏就是由现实世界玩家进入虚拟世界中，自己盖房造屋，自己种树摘果子，自力更生。这一款游戏更像虚拟世界版的"野外求生"，每个现实玩家用一个账号在游戏里打造自己的世界。

现在很多的沉浸式游戏，比如通过佩戴VR、AR智能设备进入游戏，让玩家完全置身于游戏中；又如，一些酷跑游戏，玩家戴着VR、AR设备仿佛身临其境。很多玩家在游戏中酷跑，虽然在平坦的空间，但当自己在游戏中跌落时，身体还是会有反应，甚至在自己取下智能穿戴设备后，还会沉浸其中。

01 游戏是元宇宙的基础形态——瞄准元宇宙推出游戏产品

游戏发展离不开元宇宙赋能，在体验感方面是通过 VR、AR 技术提升；在内容方面将通过 AI 辅助升级；在商业化方面需要 NFT 和区块链技术提供助力。

首先，我们来看一下科技驱动。数字游戏正式进入大众视野是在 1967 年，而世界上第一款家用游戏机诞生于 1972 年，这标志着数字游戏发展进入了街机和主机游戏时代。对于国内的"75 后"和"80 后"，最熟悉的游戏大概就是俄罗斯方块、超级玛丽等。

这样的家用游戏机一直盛行，直到 1997 年，电脑端游逐渐兴起。2005 年，浏览器技术已经相当成熟，这时网页游戏诞生，之后随着 4G 移动通信技术升级及智能手机的优化，手机游戏不断创新，成为游戏市场的主流。有数据显示，截至 2021 年，全球 30 亿玩家中有 28 亿玩家通过移动设备玩游戏。

近两年，VR、AR 技术应用于游戏行业，承载游戏的终端从手机端慢慢进入以技术为核心的可穿戴设备时代。不过，因为VR、AR设备，比如VR头盔、AR眼镜等价格较高，所以，穿戴设备时代并不会马上来临。沉浸式体验游戏也只是小规模发展，但是，科技企业却对这一领域寄予厚望。数据显示，2021年AR、VR头显总出货量预计达到1167万台，较2020年增长64.4%。

当然，随着硬件设备的不断升级，游戏内容持续丰富，比如《半衰期：爱莉克斯》这一款游戏。这款游戏综合虚拟现实、FPS、解谜等多种游戏元素，属于VR独占重度RPG游戏。这款游戏的特点就是高画面品质与强物理交互打造深度沉浸感，让玩家深度置身游戏中。由此可以预测，未来随VR、AR等设备的进一步普及以及元宇宙进程的推进，玩家对这类优质游戏有更大的需求。

其次，云计算使场景更广。云计算技术的运用使游戏产品在云端服务器运行，云游戏和玩家数据储存在服务器上，无须本地下载、安装，直接可以跨越终端实现云端服务器运行游戏，这就是云计算、云端储存的优势。

另外，传统游戏行业模式相对比较复杂，比如产业链环节包括研发、发行和分销，行业收入主要依靠用户付费及广告植入，这笔收入将由硬件商、研发商、发行商、渠道商、IP持有人共同分享。就好比一块蛋糕，分蛋糕的人越多，每个人分到的蛋糕越少。

不过，元宇宙时代随着硬件平台的更迭，传统渠道商在整个流程中越来越势单力薄，而优质内容及服务提供商则获得更强话语权。

再回到云游戏产业链中，游戏研发商、云游戏服务器提供商、云游戏分发运营三方支撑起整个游戏的运作。同时，云计算为用户提供了用户入口及用户导入服务，"即点即玩"是云游戏的特点，也将是所有流量平台最新的分发渠道，这一点就给传统游戏平台带来巨大的压力。此外，网络运营商为云游戏提供底层技术支持，例如，通过5G技术的落实将实现网络带宽和网络传输能力的飞跃，从而为云游戏提供更好的及时性效果，并大规模提升用户游戏体验。

最后，元宇宙游戏开辟新商机。元宇宙有完整的经济体系，数字货币将助力虚拟世界的经济发展。比如，在Roblox中能够通过数字货币在虚拟世界中进行劳动兑换或交易流通。

在游戏中，NFT技术进一步支持元宇宙游戏商机的开发。NFT全称为非同质化代币，其中，非同质化是NFT的特有属性，就是指每一个NFT都具有独一无二、不可分割、不可复制的特点，和区块链一样，NFT具备公开、可信、去中心化等特性，是虚拟世界经济体系的重要组成部分。

举个例子，越南游戏公司Sky Mavis研发的卡牌对战类游戏*Axie Infinity*，尝试了NFT，玩家通过在游戏内操控角色进行战斗，并且能够通过战斗获得收入。与其他同类游戏相比，这一款游戏内角色、土地资产等都以NFT形式展现，能够用虚拟货币直接交换。此外，这款游戏构造了闭环经济系统，即通过游戏内对战获取游戏中的SLP币，再通过SLP币对游戏内身份进行升级，升级后游戏身份继续投入战斗，形成了一个"战斗获取收入—用收入完成自身升级—自身升级后继续投入战斗获取收入"的经济闭环。对于玩家来说，这样的经济闭环更具有吸引力。

这款游戏自上市就受到全世界玩家的青睐，据悉，2021年7月进入快速发展期，*Axie Infinity*日收入最高达到1755万美元。

正因元宇宙游戏"吸金"能力令人惊叹，元宇宙游戏也受到资本青睐，很多游戏公司被科技巨头高价收购，或者引来巨大的资本注入。比如，2018年才成立的代码乾坤，2019年估值已经高达5亿元，2021年更是吸引字节跳动投资近1亿元，目前旗下的主要产品是"重启世界"。

目前，瞄准元宇宙推出游戏产品成为国内外科技巨头、游戏企业的发展中心。随着技术的升级，部分游戏已经具备元宇宙雏形，现实世界中的游戏领域依托于引擎技术的发展，与元宇宙高度相关的开放世界游戏的大地图借助游戏引擎的渲染等技术，配合VR、AR技术将为玩家呈现更自由、更开放和更真实的世界。同时，游戏将为玩家带来深度沉浸式体验，并在增强游戏归属感的同时，通过游戏的强社交属性实现用户留存增长。

02 聚焦沉浸式场景应用——NFT游戏带来新可能

NFT游戏是一种特殊的游戏,玩家可以在游戏中随意创建新的物品、新的角色,并且能够在游戏中将物品等进行交易。和现在很多需要玩家充值的游戏不同,NFT游戏是通过玩家"玩游戏"来赚钱。举个例子,很多游戏需要充值才能够得到独一无二的设备,但是NFT游戏能够形成一个经济闭环,比如,游戏角色在游戏中通过战斗获得收入—再将收入投入到游戏角色的升级上—游戏角色升级后再进行战斗—通过战斗再获取收入,这样周而复始,能够让游戏中的角色逐渐强大。

然而,在NFT游戏中不仅可以获取收入,还可以通过在区块链系统中注册来记录独特的游戏物品。比如,在游戏《塞尔达传说》中,有一款游戏设备"魔法剑",在玩家获取魔法剑之后,可以通过持续使用来改善魔法剑的性能,让它成为稀有收藏品,甚至可以改变其外观,最终成为玩家独一无二的游戏物品。

需要注意的是,NFT必须确保交易的透明进行,每一款游戏道具都在相对应的智能合约中被分配了一个唯一代码。NFT的唯一性受到资本青睐,可以说,NFT在游戏中的物品或将成为投资物品。

这里就出现了一个问题,NFT游戏是如何运作的?首先,NFT游戏和其他游戏一样,需要通过游戏物品和游戏玩法吸引新玩家,一般来说,玩家对于游戏物品的兴趣远不如游戏玩法,只要游戏玩法有趣,基本上就可以吸引一大批玩家;其次,在游戏中阐述NFT市场机制,包括工作原理、在哪儿购买、创建等。比如,玩家在《我的世界》中想要得到一把铲子,就需要了解铲子的工作原理,选择是铸造铲子还是购买铲子,购买的话需要知道在哪儿购买,还可以通过把获取铲子的过程录制下来并出售录制好的视频,从而得到收入。最后,通过NFT赚钱,让玩家进入游戏之后,不仅可以娱乐,还可以在游戏中进行投资。

如果讲述概念可能有些抽象,我们用一些NFT游戏的例子将概念具象。比如,对于游戏玩家来说,*Axie Infinity*这款游戏并不陌生,而且可以说是最受欢迎的NFT游戏之一,在游戏中,玩家之间进行战斗,每个玩家都具有不同的外观和战斗力。并且,在游戏过程中可以创建、抽取、交换自己在战斗中获取的价值。值得一提的是,*Axie Infinity*在游戏和投资工具之间取得了很好的平衡。

再举一个例子,*Decentraland*是基于NFT的大型开放游戏。在这一款游戏中,每一个玩家可以进行创建新项目、NFT画廊等,并且在游戏中NFT是以虚拟土地的形式体现出来的。所以,这不仅是一款游戏,而且是一项很好的投资。换句话说，Decentraland本身就属于玩家自己。

对于更多玩家来说，NFT不仅是游戏，还是一种赚钱模式。NFT赚钱的方式之一就是在NFT市场上交易，当然，NFT不止一种赚钱方式，在游戏中直接出售、租赁NFT赚取收入等都是NFT游戏赚钱的方法。

那么，每个玩家是否能够创建自己的NFT游戏呢？说实话，创建NFT游戏绝不是一个人能够做到的，需要的是一个游戏开发团队，和所有游戏开发一样，NFT游戏同样需要设计师、程序员、关卡设计师等。

NFT在电子游戏中将持续存在，整个游戏产业正在突破目前技术瓶颈。因为玩家喜欢收藏和拥有独特多功能道具的想法，并且会在收取新道具的同时出售原有道具，在出售过程中，玩家可以从NFT的授权支付中获取一些利润。当玩游戏都能够赚钱时，很大程度上增加了玩家对NFT游戏的黏性。

我们应该理智对待NFT游戏，NFT游戏目前制作相对粗糙，无法吸引更多玩家。所以，NFT游戏还是需要在画面和玩法等方面突破瓶颈，被更多玩家接受。

03　元宇宙开启线上社交新体验——虚拟形象、虚拟场景

每个人都需要社交，社交的本质就是人与人之间通过某种方式或工具传递信息。社交是从人类出现就存在的一种行为。人类最早最主要社交形式就是面对面沟通，随着科技的进步，社交形式越来越多样化。从只能面对面到可以通过电话进行沟通，再到通过互联网进行线上社交，比如社交网站、邮件等方式。随着移动互联网的盛行，社交方式增多，社交 App 越来越多。

元宇宙出现前虚拟社交就已经存在，元宇宙带来的社交是通过虚拟现实世界的场景与他人互动，在元宇宙中体验沉浸式社交新场景。本节笔者将盘点元宇宙与社交融合的发展路径。

第一，社交角色。每个人在现实世界中都具有不同的社交角色，一个人在社交场景中的角色可以是多年未见的老同学，也可以是工作中的同事；可以是第一次融入某个社交团体的陌生人，也可以是某个社交团体的老朋友。所以，在现实世界中，每个人只有一个身份，但在社交中

却可以展现出多重角色。

当社交与元宇宙场景融合时，每个人的社交角色就发生了更多变化。元宇宙社交和目前的线上社交、远程社交等不同。线下社交是面对面，彼此可以看到对方的表情、肢体动作，但是在线上社交和远程社交中，人们基本上用的是文字、音频，即便是视频，也都带有很强的修饰性。另外，不管是线上社交还是线下社交都会对自己的形象进行刻意修饰，包括线上视频方式，为了能够给对方留下好印象，不同场合进行不同的装扮。

但是，元宇宙社交与上述的线上、线下社交不同，元宇宙中的每个人都是虚拟化身，也就是说，对方看到的是你的虚拟化身，而不是实际中的你。我们举个例子，线下社交自然是面对面的，线上社交方式中QQ、微信等一开始可能通过文字、音频、照片等，这类社交的最终目的还是促成线下见面。

在元宇宙，你根本不需要展现自己原本的样子，只需要创建一个自定义的虚拟化身，你的容貌、身材、性格都可以自定义创造，你在虚拟世界的穿衣打扮也都是自定义的，和你进行社交的人不可能通过你的虚拟身份看到你在真实世界的样子。这时，你的社交角色就是你自定义创建的角色，用这一角色进入元宇宙社交。

第二，社交空间。一般来说，通过互联网进行的社交基本上没有空间概念,也没有时间概念。例如,我们通过QQ进行社交时,只要有足够的精力,就可以24小时无休止地聊,不过聊天的空间没法选择,没有空间概念。比如,我们会选择在公园、咖啡厅等场所聊天,有一个空间概念,但是QQ聊天没有。

元宇宙是对互联网空间的超越,所以,在元宇宙中增加了空间维度,也就是说,元宇宙提供了一个全景式、开放式、全天候的社交空间。在元宇宙中,我们可以选择在北京的故宫聊明清历史,也可以选择在希腊的雅典卫城聊圣斗士星矢。因为元宇宙是现实世界映射出来的虚拟世界,上面的每一座城市、每一处风景都可以与现实世界对应。

第三,社交场景。元宇宙更像一个大型升级版社交平台,这是一个能够联结现实世界和虚拟世界的平台。

社交元宇宙想要真正发展成为大众社交平台,还需要从机房上进行改进和提升。首先,从技术上来看如云计算、物联网、大数据、移动互联网、人工智能等技术需要升级,让用户在社交中感受"沉浸式"体验;其次,搭建元宇宙场景,在元宇宙构建现实生活需求场景,比如社交延伸下的办公、消费场景等;最后,元宇宙社交空间更需要建立规则,与现实世界一样,元宇宙社交空间需要保护用户的信息安全,需要借鉴现实世界规章制度来建立元宇宙适应制度,保护用户社交安全。

04 元宇宙开启社交4.0时代——让更多人进行"有效社交"

元宇宙社交不等同于现在的虚拟社交,现在的虚拟社交可以作为元宇宙社交的雏形,但与之相去甚远。人类社交发展历程可分为以下几种模式:社交 1.0 时代就是线下交流、写信方式;社交 2.0 时代就是电脑端互联网社交,借助论坛等网站进行社交;社交 3.0 时代是移动互联网社交,通过社交 App 进行社交;社交 4.0 时代,是元宇宙社交,不过目前 4.0 时代并没有到来。

社交模式不是更新迭代,而是分主次,比如,虽然现在是社交 3.0 时代,我们的社交还是离不开线下的面对面社交,很多人仍习惯在论坛、贴吧等电脑端进行社交,只不过写信方式已经慢慢退出社交领域,鲜有人会以写信的方式进行社交。

由此可见,即便元宇宙社交时代到来,我们还是会选择其他社交模式。同样,在元宇宙到来之前,我们一样可以通过元宇宙技术开启虚拟社交模式,利用 VR、AI 等技术在虚拟社交平台进行社交活动。

NFT不仅能应用于游戏，还能应用于社交。人们对图像的接受程度要远远高于数字，人们喜欢图像所带来的视觉冲击，而不喜欢冰冷、毫无感情的数字，而NFT引入了文化属性，呈现形态多样，包括AR、图片、音乐、视频、3D模型等，并非只有数字形式。

在元宇宙场景下，NFT成为个体间人际交往和群体认同感建立的"符号工具"。

首先，对于个体来说，NFT具备了"身份区隔"特征，在虚拟社交中，创建的数字身份就是以NFT作为身份区隔。作为"符号工具"，NFT帮助个体实现了社交身份的差异化。

其次，NFT作为数字化符号加强群体内的共同意识，使人们通过社交实现了自我塑造及群体认同，从而满足了自身的情感需求和共情传播。

最后，在元宇宙时代，NFT凭借区块链、虚拟现实、传感器等技术为个体提供满足用户的情感需求。

NFT在社交中的功能体现在，它作为基础设施功能解决元宇宙中身份认证及所有权归属的问题，并且借助区块链唯一性和不可篡改的特质，个体可以查询却不能编辑，从而保证每一个NFT的独立唯一性。

在未来，元宇宙社交场景中，NFT还将满足个体在虚拟生活中的更多需求，创造出更多前所未有的可能性，NFT不仅是一种支撑元宇宙经济体系的技术，更重要的是，它将成为虚拟世界数字化生存中不可或缺的要素。推进元宇宙的发展，发现元宇宙社交多种可能，助力社交迈进4.0时代。

第十三章
元宇宙+艺术文旅：元宇宙使艺术百花齐放

中国计算机技术快速发展的二十年，也是对艺术设计影响最大的二十年。自进入21世纪以来，文旅和艺术领域都随着技术的快速发展成长起来，而移动互联网的盛行，使艺术作品打破了时间、空间限制，让更多文艺作品广泛传播。

当然，除了艺术作品，娱乐方式和旅游模式也都在这二十年里发生了翻天覆地的变化，元宇宙的出现势必给艺术文旅领域带来更大的变化。那么，在虚拟社交平台进入人们生活之后，艺术又将以怎样一种方式呈现呢？

01 元宇宙开启虚拟艺术和虚拟文化——一件虚拟艺术品是否具有收藏价值

2021年,随着元宇宙概念的崛起,沉浸式体验、虚拟身份、开放性、互动性及多元化为特征的元宇宙文化开始进入大众视野。元宇宙技术为数字文化的产生、传播和应用提供了广阔的空间,数字化文化内容创新让文化内容有了更多的设想和展望。

笔者本节主要回答一个问题:虚拟艺术品是否具有收藏价值。

纯数字艺术品《每一天:前5000天》(Everydays: The First 5000 Days)以6934.6万美元成交。那么,这幅价值亿元人民币的虚拟艺术品到底是什么呢?据悉,这幅作品是由艺术家Beeple耗费5000多天创作而成的,从2007年5月开始,他每天在网上创作和发布一件新的艺术作品,他发布的每一件新的艺术作品都不存在实体作品,只存在于虚拟世界中,并且应用了加密技术。

这件作品100美元起拍,经历15天的竞投,在竞品拍卖的最后一分钟,还有220万用户访问拍卖页面,最终以6025万美元落槌。这个价格是突破了NFT艺术作品的世界拍卖纪录。这幅作品被拍下来后，不会有实物作品，也不会储存在硬盘或者U盘上，只是将作品数据加密后储存于区块链中。

这次虚拟艺术作品的拍卖开启了艺术作品的新篇章，数字艺术已经成为一种成熟的艺术创作方式。随着NFT及区块链技术的介入，纯数字艺术作品不仅是元宇宙虚拟世界中的艺术作品的终极形态，也是现实世界中艺术作品的发展方向。并且，随着"数字时代原住民"的成长，数字艺术作品越发深入我们的生活。

元宇宙的发展本身就是一个循序渐进的过程，从概念到技术，从技术应用的初级阶段到高级阶段，在数字时代的新征程上，我们看到艺术文化和科技的结合。众所周知，出生于20世纪90年代后的几代人都被称为"互联网原住民"，因为他们是与互联网一起成长起来的。所以，在数字技术出现并发展时期所诞生的几代人，就会被称为"数字时代原住民"，他们自小就生活在被数字技术改变的现实世界中。

在数字时代，我们要着眼于构建元宇宙文化产业生态，提升元宇宙文化创新性的发展，以中华优秀传统文化为引领，展现文化的精髓，构建中国式元宇宙文化体系，利用数字技术助力文化强国建设。

02 元宇宙打开跨媒体叙事新视野——央视网"小小撒"引领一场媒体革命

2019年网络春晚,主持人撒贝宁迎来了一位全新的搭档——"小小撒",就连撒贝宁本人都称"小小撒"就好像自己的孪生兄弟。在这次大规模的国家级文化活动中,主持人和自己的数字孪生主持人共同登台,引起了业界及网民的关注。

无独有偶,2021年,《每日经济新闻》联合打造了数字主播"N小黑"和"N小白",虚拟主持人的出现减轻了真人主持人的工作压力。新华社、人民日报社、中央广播电视总台等主流媒体先后推出了虚拟主持人。

元宇宙的出现打破了现有新媒体视听传播格局,将导致新老力量的交接与重新洗牌,对于广电媒体行业来说,这不仅是媒介信息技术的迭代,更是整个产业的改变。

纵观视听媒体发展,不难看出,受众一是倾向于低成本获取信息,二是倾向于获取更好的信息。其中,低成本获取,指的是通过更简单、轻松、便捷、便宜的渠道获取，比如，想要追一部电视剧，比起跟着电视台每天两集更新，人们更愿意通过视频 App 观看全集，同时，如果视频 App 需要缴纳会员费用，我们则会选择在费用更少的 App 观看视频；而获取更好的信息，则是指更多、更密集、更具体验感、互动性更强的信息。

人们获取视听体验也是从语音传播到数字传播，再到图片传播，现在处于多媒体传播，接下来将进入移动智能融合传播，获取视听体验最终是要进入元宇宙传播模式。元宇宙时代，高清晰度、高沉浸感、高感官度的视听内容将会持续改变现有技术下的二维信息互动体验。

举个例子，我们看春节联欢晚会时，主持人会提醒电视机前的观众，用手机扫一扫电视机下方的二维码参与互动。未来，我们可以通过数字技术在多维虚拟空间体验无缝衔接，不需要二维码扫一扫参与，直接在看春节联欢晚会的同时，让自己进入互动平台。或许，到时候春晚直播晚会的串场主持人都将是虚拟数字人，虚拟主持人一出现，就代表观众可以进入虚拟空间参与互动环节。

所以，元宇宙时代沉浸式传播无意成为媒体视听传播形态的又一次深化与升级。在元宇宙技术的支持下，媒体传播将会呈现以人为中心，无时不在、无处不在、无所不能的传播功能，跨越时间、空间障碍，最终实现广泛的传播。我们可以畅想一下，在看《今日说法》这类节目时，我们通过主持人声情并茂的讲述走进案件，如果进入元宇宙时代，通过沉浸式视听传播，我们将跟着虚拟主持人一起到案发现场，揭开案件的真相，这种模式将更容易实现交互双方的共情。

在元宇宙技术支持下，以 5G 为代表的网络全面落地，以 VR、AR、MR 等为代表的扩展现实技术的多元化开发与模块化应用则将从视觉、触觉、味觉等多个维度有效提升人类多维、跨维交互过程中不同情境下的沉浸感与体验感。对于媒体传播来说，受众不仅是接受者和浏览者，还可以成为试听场景的参与者。

03 元宇宙推进电影的蓬勃发展——戴上XR设备让观影者彻底进入电影

元宇宙与电影有必然的联系，一是，人类对元宇宙概念的感知来自科幻电影；二是，电影是艺术和科技的产物，每次科技改革都将推动电影发展；三是，元宇宙和电影结合产生了虚拟沉浸式影院，提升观影的身临其境感。

对于普通观影者来说，元宇宙技术应用于电影，带来最大的改变就是在看电影的过程中有身临其境的感觉。传统影院的 2D 电影是很难具备观影沉浸感的，3D电影通过VR眼镜能够提升电影沉浸感。举个例子，观看儿童3D动画片电影时，屏幕上的动画主角面向观众扔东西，很多孩子会站起来伸出手去接看似从屏幕里扔出来的东西。但是对于孩子来说，这是完全靠着感官本能地作出动作。

但是，3D电影还是无法满足大众的观影要求，于是，通过虚拟世界打造多人参与沉浸式影院让人身处电影情境中，自己有种身临其境的感觉。尤其是，VR电影院会有转椅、VR眼镜及耳机，观众戴好设备，坐在可移动的椅子上，随着电影画面的变化，硬件设施也跟着作出移动、旋转等动作，就能让观众沉浸在电影中。

元宇宙电影和只通过硬件设施创造条件的观影不同，在元宇宙电影中，每一个观影者不仅是一个观众，而且是电影里面一个角色。

未来，元宇宙电影将有更大的发展，比如，电影相关的数字资产、电影海报和花絮都可以制成数字藏品；影视相关的内容可以直接搭建成为场景，多次使用，大大节省电影拍摄过程中的材料成本；通过VR、AR、XR、全息等技术实现沉浸式体验，为电影创作生产与沉浸式观影带来更多可能性，让观众沉浸在电影中；在元宇宙，每个人都可以用自己的虚拟化身进入电影内容中，成为电影角色。

04　打造元宇宙演唱会创新体验——十三位虚拟偶像演绎《我们的时代》

如果元宇宙搭建出来，第一件事就是要在元宇宙上创建一个自定义的"我"。通过音乐软件作为元宇宙入口，我们可以在元宇宙选择服装、道具，再呼朋唤友一起去参加演唱会。这个场景需要移动算力网络和云原生游戏引擎等技术，而元宇宙的"我"可以在虚拟世界里玩乐，可以随时参加自己喜欢的演唱会。

2023年元宵节，全球首支由13位人气虚拟偶像联袂演唱的歌曲《我们的时代》发布，收到了粉丝的好评。这也是全球首个聚集了音乐、游戏、新闻等各领域虚拟偶像的"超大阵容"——超越AI、扇宝、泠鸢yousa、央视小C、星瞳、利伯特Liberte、虚拟人染月、诺亚Noah、露娜、Luya、点赞仙、Afaer男团。

对于很多人来说，传统音乐盛典已经使我们审美疲劳，但是通过AI智能技术创造的虚拟歌手，比现实中的歌手更加吸引受众。更何况在元宇宙虚拟世界，音乐盛典的阵容、舞台美术和互动层面将得到更进一步的创新。

基于5G网络技术打造出来的元宇宙，将会把音乐盛典举办得更加盛大。不仅参加的用户能够欣赏大咖歌手们的表演，而且盛典现场也可以冲破物理世界的束缚，以各种形式来布置。最重要的是，人们在虚拟世界的音乐会中，不是安静地坐在音乐盛典的礼堂，不是在可容纳几万人的体育馆欣赏音乐会，而是根据歌手音乐的内容到不同的场景中。比如听描写草原的歌曲，人们就可能置身于苍茫草原上；听描述雪山的歌曲，人们就可能身处珠穆朗玛峰下；听唯美的爱情歌曲，人们就可能伴着漫天飞舞的桃花……在元宇宙演唱会上，人们能够身临其境地感受着不同的舞台美术、舞台效果。

人们可以听到去世歌手与现实世界歌手的合唱，比如，歌手周深和"邓丽君"曾同台演唱《小城故事》等经典歌曲，"邓丽君"就好像真的站在台上与周深一起演绎一般，但是，所有人都知道，台上栩栩如生的"邓丽君"是虚拟数字人。

音乐盛典的每一个场景和每一个惊喜都由元宇宙技术支持，基于5G算力网络技术，虚拟演唱会、虚拟音乐盛典展现出"实时渲染、虚拟原生、数实融合、全景交互"等超前沿技术，这些技术实现了用户在线上交互演艺空间中自由互动，创造出身临其境的真实感和现场感。

由此看来，元宇宙在音乐会的应用中，能够让用户身处内容之中，而非内容之外。内容不设限才是元宇宙音乐盛典最巧妙、最吸引人的地方。

05 虚实共生,开启文旅产业新未来——元宇宙应用解锁文旅生活新方式

元宇宙的核心"卖点"之一就是沉浸感,基于此,元宇宙将开启文旅产业新未来。在未来,元宇宙所构建的虚拟空间及沉浸式体验将与传统文旅产业发展碰撞出火花,比如在景区、博物馆等地方,让沉浸式产品丰富游客体验,增加交互性。元宇宙文旅赛道已经被全世界科技巨头所关注,当大量硬件、软件、交互技术进一步发展,将直接带动文旅产业数字化转型。

比如,现在很多人都喜欢参加实景沉浸式文旅项目,在主题场景下通过剧情关联使消费者之间建立社交关系。更简单一点说,就是与现实世界剧本杀的玩法差不多,不同的是,现实剧本杀需要本人参与,并且进入由人工摆设的场所。但是,在元宇宙虚拟世界中,人们将进入布置更为精细的场景中,通过自己的虚拟化身份,认真扮演自己在任务中的角色,与其他玩家一起完成一个任务。

如果说剧本杀模式只是年轻人的选择，那么对于大众来说，旅游更受欢迎。各大旅游景区也在实景演艺领域开展沉浸式旅游体验。比如，迪士尼乐园通过用人工智能、虚拟现实、机器人物联网等技术，将虚实共生的园内外整体体验向更高层级的沉浸感和个性化推进，其中的"创极速光轮"过山车项目等，都是室内项目，通过虚实共生场景，让游客仿若置身于大美河山，从草原到珠峰，掠过长城和繁华的都市，在急冲而下又快速攀升的过程中，感受沉浸式体验。

2016年，笔者去上海游玩，在参观东方明珠时就曾乘坐过戴着VR眼镜的室内过山车项目。室内过山车能够冲上的最高高度为2米，每个乘坐的游客戴上VR眼镜，当过山车启动时，透过VR眼镜看到的是我们正在一览上海这座城市；当过山车上升时，仿佛自己置身空中，俯瞰上海；当过山车下降时，我们好像直接在上海的高楼林立中穿行。当时，VR、AR技术还没有普及，但是室内过山车的经历确实难忘，当时笔者沉浸在游戏中，游戏结束后，摘下VR眼镜时还在恍惚。

元宇宙技术实际上早已应用于生活、工作中，元宇宙旅游有以下四方面优势：

第一，广泛的分享，将大量文物、艺术作品、文旅资源数字化，借助网络平台，游客可以更加便捷地搜索、了解、观看相关文物和资源，一些珍贵的文物可以借助这种形式为广大民众所了解和认知。

第二，高效的交互，借由信息传输和网络平台，使文旅产品交易、供求信息对接、内容分享更加快速高效。借助云计算等技术，有利于供给方更了解需求方，提高双方的交易效率。

第三，有质感的体验，人工智能、虚拟现实等技术的应用，能让游客在购买前和旅游中获得更有品质的体验，如云旅游、沉浸式演艺、沉浸式游乐项目等。

第四，便捷的信息，通过互联网、App、微信、微博等多种信息渠道，游客可以获取关于目的地的全方位信息，旅游出行更加便捷。

近年来，全球各大企业在 VR、AR、AI 等技术领域不断创新突破，技术的升级推进了元宇宙时代的到来。在元宇宙时代来临后，普通的浅层次体验产品无法满足人们的需求，届时，人们将追求更加深层的沉浸式娱乐方式，元宇宙也将在沉浸式文旅方面为人们带来更多惊喜。

第十四章
元宇宙+教育：师生共进虚拟世界

我国教育信息化已经实现跨越式发展，我国智慧教育基础设施设备环境基本建成。元宇宙的出现会对教育带来怎样的影响，元宇宙技术的更迭对于教育领域又具有怎样的推动作用，是本章主要讲述的内容。

元宇宙的本质是与现实世界平行的虚拟世界，狭义上说，就是通过VR、AR、人工智能、大数据、5G网络等技术实现让人身临其境的虚拟场景；广义上的元宇宙则是万物皆数字化形态的表现，对于教育领域来说，元宇宙是教育信息化的高级阶段。

元宇宙教育可以为学生带来更具临场感、体验感的学习环境，还可以创造不同的学习环境和学习氛围。当前，线上教育已经实现，但是线上教育不等于元宇宙教育。元宇宙目前还处于发展中，有许多不确定因素。但是，在未来，教育元宇宙将融入教育信息化长远规划及顶层设计中，为教育元宇宙的有序可持续发展提供政策指导。

01 元宇宙浸透教学多环节——搭建学校虚拟场景

教育元宇宙的实践案例在国外屡见不鲜,如今,国内教育教学中的元宇宙场景也在不断增强。目前,《我的世界》这一知名沙盒游戏推出教育版。大家都知道这款游戏需要玩家在平台搭建自己的房子,自食其力。学生在《我的世界》教育版中可以在游戏中形象地学习化学、地理、编程等知识。

《我的世界》作为全球畅销的游戏,已经成为一种流行文化,并且很多游戏玩家都是学生。学生可以在《我的世界》上直接搭建自己的学校,还原自己的母校,也可以在校园中,通过自己的虚拟身份扮演学生、老师,或者学校的其他角色。

近年来,在游戏平台中搭建学校的例子有很多,2020年6月,中国传媒大学数字媒体艺术专业毕业设计展在由学生复原的《我的世界》中的校园中举办,吸引了众人的关注。无独有偶,上海交通大学、浙江大学、东南大学、同济大学等数十所高校也先后在《我的世界》虚拟校园中举办了校庆活动和毕业典礼。

笔者以西北大学元宇宙校园建设为例，我们来看一下大学校园建设主要包括哪些模块：

第一，西北大学校区实景的元宇宙虚拟校园系统是基于三维建模、元宇宙实时交互引擎等数字技术，通过艺术化手段对校区场景进行生动复刻。西北大学虚拟校区能够让全球校友师生通过平台进行深度参观和交流互动。虚拟校区中的每一处风景和学校建筑格局都与实际校区实景一致，能够让已经毕业多年的校友重新体验丰富的校园生活，也能够让离开校园的校友寄托感情。

第二，西北大学定制的星空报告厅、元宇宙会议虚拟报告厅等虚拟交互展览系统。这些虚拟交互展览系统是元宇宙校园的重要组成部分，与现实世界中西北大学学校报告厅不同，致力于打造满足多人沉浸式在线会议的平台和场景。

第三，西北大学数字文创发行铸造平台。这一平台主要用于支持校园主题活动、校园数字文化发展使用，比如西北大学围绕"120周年校庆活动"设计并发放了相关数字藏品。对于目前就读的大学生或者毕业的校友，学校数字藏品都是值得自己珍藏的纪念品。这一平台主要依托于NFT技术，打造出独一无二且具有价值的大学文创数字藏品。

第四，基于VR设备建设虚拟实验空间及虚拟教学模块。这一部分主要应用于平时教学中，因为有元宇宙技术的应用，以前只能够通过文字、图片、视频了解的知识内容，现在可以在虚拟实验室和虚拟教学中身临其境地了解知识，这一模块满足的是师生在 VR 设备支持下进行深层沉浸式体验学习的需要。

西北大学虚拟校园的上线，意味着学校在元宇宙中迈出的坚实一步。除此之外，高校学生也是《我的世界》创作社区的一大主力军，学生们通过还原学校，在虚拟学校开展形式多样的虚拟校园衍生活动，比如参观学校、毕业典礼、授课讲学等，而面对中小学的相关项目更是不计其数。

在元宇宙中搭建自己的学校，参与虚拟学校中的生活与学习，能激发学生的参与热情与学习兴趣，并且推进元宇宙教育的进一步发展。

02　数字人技术应用于教学——数字人老师为教育注入活力

2022 年 2 月 21 日，深圳中小学春季学期开学首日，深圳宝安区的中小学生体验了一堂别开生面的由数字人老师带来的开学第一课，给他们讲课的不是平时授课的老师，而是一位数字人。

在了解数字人在教育中的作用之前，我们先来看一下传统线下教育目前存在的不足：

第一，互动性不足。在传统教育场景的痛点就是互动性不足，学生时代老师只能每一个问题叫两三名同学起来作答，毕竟课堂时间有限，而且老师精力也有限，所以在课堂上会出现老师与学生互动性不足现象。这就导致一些学生很难参与到课堂互动中，从而降低了学生的学习积极性。

第二，交互方式单一。传统线下教学过程中，老师和学生的交互方式比较单一，学生在课堂上听不懂便只能课后向老师请教。然而，一些学生对找老师很抵触，于是在某一个知识点上一直存在盲区，导致后面相应知识点也无法理解，最终选择放弃。

第三，互动场景有限。学习体验感不佳，传统教育的场景就是校园内，室内课程在教室，室外课程在操场，场景简单，学习体验很一般。

传统教育的不足，能不能被数字人弥补呢？实际上是可以的。我们对应来看一下，数字人是如何弥补传统教育所展现出来的教育弊端：

虚拟数字人可以通过虚拟现实交互的方式，提升课堂互动体验，学生在虚拟环境中可以自主选择参与学习活动，老师提出问题之后，每一个学生都能够主动参与，不仅提升了学生学习积极性，也有利于老师更好地掌握学生的学习情况。

在师生交互方式上，数字人可以打破时空限制，提供更多元化的师生交互方式。学生可以利用自己的虚拟化身去找数字人老师进行咨询，加强师生之间的交互与沟通，有效地激发了学生学习积极性。

互动场景将更多元化，比如，数字人可以为教师提供教学，也可以通过虚拟场景将学习环境转移到草原、高山甚至海底。比如，我们在学习《日月潭》一课时，通过元宇宙技术，数字人老师和学生虚拟身份可以直接将学习场景转到日月潭，通过身临其境地观察日月潭，更好地理解课文内容。

综上所述，数字人在教育领域的应用非常具有前途和潜力，数字人可以为学生提供更加个性化、互动化、多元化的学习体验。数字人的普及将推进教育资源的共享，促进教育平等和教育创新。

03 元宇宙解锁教育新模式——带来沉浸式学习新体验

元宇宙教育对教学的各个环节都产生了不同程度的影响，包括授课环节、互动环节、教学场景等。教师通过线上直播方式授课的模式已实践过，但是，需要明确的是，线上教学和元宇宙教学是不同的。线上教学形式单一且教学效果远远比不上线下教学，但是元宇宙教学的教学模式更多元化，并且教学效果更好。

元宇宙教育包括混合式教学模式和情景化教学模式：

第一，混合式教学模式。随着网络信息时代线上教学的兴起，混合式教学模式逐渐展开。混合式教学模式突破了线下教学模式单一化、封闭化、时间固定化的授课方式，实现多渠道、多平台、多资源进行多维立体教学的模式。

元宇宙对混合式教学模式实现迭代升级，为教学提供了内容保障。元宇宙充分发挥5G等网络通信优势开展线上教学活动。以美术教学为例，画一个建筑物，线下教育模式就是老师在上面教，学生在下面画；线上或远程教育模式就是老师在线上，通过远程视频等进行教学，学生隔着屏幕在线下画；元宇宙模式则是通过虚拟空间进行教学，老师和学生都可以通过虚拟数字人形式进入元宇宙，在某一个建筑面前进行绘画，老师可以直接介绍建筑特色，学生边听边记边画。

所以，学生和老师能够在元宇宙虚拟世界沉浸式地进入美术课堂。现阶段，可能老师和学生都需要通过头戴式设备、体感设备、虚拟现实等技术手段实现在虚拟世界的多样教学。

第二，场景化教学模式。线下教育模式的最大弊端就是场景化教学模式单一，除了美术生能够外出写生，更多科目的教学模式就是在教室、实验室、操场等单一场景内进行教学。在元宇宙，教学模式会更加丰富，举个例子，现在我们学习地理，只能通过课本和老师准备的视频、图片资料对地理中的某个地理景观进行了解，比如，老师讲到东非大裂谷时，学生只能通过文字、图片、视频对东非大裂谷知识进行记忆。但是，通过元宇宙场景化教学模式，学生可以在智能穿戴设备的支持下，从现实世界直接进入虚拟世界，置身于东非大裂谷，亲眼看到这一地理地貌，亲身感受大自然的力量要比通过文字、图片学习知识更为深刻。场景化教学模式将会激发学生的学习兴趣，学习不再是枯燥无味的过程。

综上所述，元宇宙赋能教育，以深度沉浸感、社交属性、实时互动体验、数据与智能算法等技术作为支撑，为教育提供了新发展思路，为现代教育基础设施勾勒出崭新蓝图，也为教育发展提供新机遇。

第十五章
元宇宙+医疗健康：超强大脑打开医学新世界

元宇宙所必需的人工智能、大数据等技术蓬勃发展，不断赋能医疗健康领域，比如，用可穿戴设备助力家庭健康管理、利用AI智能影像提升诊疗水平、大力推进智慧医院建设，改变患者就医体验。对于医疗行业来说，元宇宙搭建成功将改变当前的医院连接模式、就医逻辑、医患关系。

01　元宇宙构建医疗新格局——智能技术应用于每一台手术

元宇宙构建医疗新格局，是因为元宇宙技术在很大程度上能够应用于多个医疗场景。比如，AR、VR 技术在医疗中的应用，医学院的学生们通过使用 AR、VR 技术学习解剖学课程，医院的产科医生们利用 VR 技术帮助产妇减轻分娩的疼痛，在医学领域，XR 技术已经应用在超过 15000 台医疗手术中。

比如，我们每个人去医院检查，都免不了要拍摄一些医疗影像，这些二维的医疗影像为医生诊断提供了有力的依据。这些二维影像升级成为三级影像之后，就会更具空间感。并且，医生可以利用这样的影像进行 3D 打印，将病灶打印成 3D 模型进行研究和模拟手术，有利于获取手术的最优方案。

说到二维影像和三维影像，我们打个比方，很多孕妇在孕期都需要到医院做彩超，看一下胎儿的发育情况，一般医院提供的就是二维影像，但是一些设备先进的医院会提供四维影像，腹中胎儿可以完全立体地展现在准妈妈面前。

类似于这样的虚拟现实与医疗影像相结合的医疗影像学正成为主流,借助三维模型可视化及影像处理技术,医生能够一目了然地看到患者的健康情况,也会根据患者实际情况给出具体的治疗方案。而且,虚实相结合的方式、混合现实技术都将应用于医院外科手术中。

将元宇宙技术应用于外科手术中,还需要5G网络技术及人工智能技术,尤其是5G网络。我们知道5G网络目前还没有被商用,但是5G网络所具备的高速率、低延迟、大容量等特点,能够直接影响手术中远程会诊平台中医生的操作。

在医疗领域,一位北京的医学专家为一个上海患者做一台手术已经不算新鲜事,之前有新闻报道,浙江大学医学院附属邵逸夫医院新疆兵团阿拉尔医院手术室内的机械臂,接收到来自浙江大学医学院附属邵逸夫医院机器人远程手术中心发出的手术指令,机器人成功为一名患者实施了胆囊切除手术。

在这台手术中,我们看到了元宇宙技术的重要作用。尤其是在正常手术中不可或缺的5G网络技术、AI智能技术,堪称元宇宙技术水桶长板的两大技术,让医生为相隔4600多千米的患者进行了一场成功的手术,保住了患者的性命。

这一技术能够让医疗格局发生改变,通过远程向机器人下达指令完成一台手术,这让医疗资源更加平衡。比如,我们看到很多患者不辞辛苦来到著名医院就诊,有时候,长时间的奔波劳累反而会加重病情,而且一线城市的住宿等费用高于当地。如果元宇宙医疗顺利实现,很多患者可以直接在自己所在的城市接受顶级医疗专家的会诊及手术,创建医疗新格局。

展望未来,5G、人工智能等技术将会全面应用于医疗领域,具备更加完善的自主操控、深度学习等发展特征,并且在手术过程中对手术进行精准的指导。同时,元宇宙医疗将会把智能技术应用于每一台外科手术中。

02 智能医疗使疾病无处可藏——未来科技将延长人类寿命

在临床医学中,VR、AR、人工智能等技术的应用已经成为一种趋势,就像上节笔者所说的一样,元宇宙技术打破医疗在时间、空间上的限制,改变了医疗资源配置,打开了医疗领域的新格局。本节笔者主要讲元宇宙医疗到底能不能延长我们的现实寿命。

说到延长自己的寿命,我们就会想到秦始皇派遣徐福去寻长生不老的仙丹，但是，随着社会不断发展，我们发现，真正让我们延长寿命的根本不是所谓的仙丹，而是越来越先进的医疗方法。

举个例子，在医疗技术比较落后的时代，很多人会突发疾病，然后不幸去世。其实，这类人未必得了什么绝症，或许只是糖尿病。患者若得了二级糖尿病，不用药物控制，在饮食上也不注意，就很容易引起并发症。如今，因为医疗技术的进步，患者能够及早发现自己患了糖尿病，通过药物和饮食干预血糖。所以，延长人们生命的必然是越来越先进的医疗技术及越来越完善的就医条件。

在元宇宙，医疗体系将会重构，围绕患者体验建立虚实交互的医疗体系，实现元宇宙中全民健康的愿景。而实现这个愿景的正是AI超级医生，AI超级医生正在成为疾病治疗与预防的得力助手。AI超级医生能够及时发现各病种，并逐步实现对各病种的全生命周期管理，最终降低发病率，提升患者生存率，改善患者康复后的生活质量。

举个例子，我们经常从互联网上看到这样的新闻，某男正值壮年，在体检时，突然被诊断为癌症，并且是晚期，最后，该男子在短短三个月内哀毁骨立，令人唏嘘。由此可见，若是不能及时找到病种，就会导致小病变成大病，最终失去性命。而AI超级医生则可以在癌症早期就及时"制止"癌细胞的扩散，并且，AI超级医生会对这个病种进行全面管理。

比如，某人患了肺癌，如今癌细胞转移，最终恶化成为淋巴癌，医治毫无希望。AI 超级医生在发现癌细胞之后，会基于人工智能、数字孪生及虚拟现实技术，提高复杂疾病的分析诊断效率，从而控制患者癌细胞的发展与转移。

以脑卒中为例，脑卒中在发生之前，AI 超级医生可以根据高危人群大数据管理、智能脑血管疾病管理等进行筛选，并且对筛选出来的潜在患者进行风险提示和筛查。筛查出来的患者或许自己没有任何反应，这时候 AI 超级医生开始对患者进行治疗，"一站式"智能辅诊可以极大加快影像检查和图像重建工作，使 AI 智能医生获取大量的数据，将数据量化为信息，计算、分析出最优的医疗解决方案，为争取宝贵的救治时间争分夺秒。

在整个治疗过程中，AI 超级医生可以实施远程操作手术，手术完成后 AI 超级医生还会全程智能地追踪患者预后情况，从而最大限度地保证患者日后的身体健康。元宇宙医疗的落地能让人们活得长久、活得健康。

第十六章
元宇宙+政务：元宇宙是政府数字化转型新引擎

随着元宇宙技术的不断升级，社会各个领域都在布局元宇宙，包括政务方面。各级政府积极布局元宇宙，因为元宇宙是政府数字化转型新引擎。在地方政府报告及相关产业中，我们发现元宇宙概念渗透到地方政府的各项工作计划中。比如，浙江省、江苏省无锡市等省市在相关产业规划中明确了元宇宙领域的发展方向。北京市政府也在积极探索建设元宇宙产业聚集区，并尝试将元宇宙技术应用于政府各个层面。

不难看出，政务服务这样一个公共产品开始引入元宇宙概念。其实，随着新一代技术广泛而深入地应用，数字化转型已经成为各行各业的发展方向，包括政务服务。利用互联网、云计算、大数据、区块链、人工智能等数字化技术推进城市治理、国家治理已经是必然的战略选择。

在我国，将数字化技术应用于政府管理服务已经是国家战略，利用数字技术推进政府数字化改革也是发展必然，其中包括利用数字技术推进政府治理流程优化、模式创新和履职能力提升。所以，构建数字化、智能化的政府运行新形态，促进数字政府建设已经成为我国数字化管理、数字化治理发展举措的重要内容。

01 政务元宇宙——概念、核心要素、总体架构

元宇宙概念产生至今,各个领域迅速响应,元宇宙介入物理世界已经不仅是科技巨头的事情,而是整个人类社会发展的头等大事。不管是金融、教育、社交、医疗还是工业,各界都在布局元宇宙,大家讨论的方向不外乎以下几点:元宇宙与传统产业融合升级的路径;元宇宙给数字经济带来怎样的作用和意义;元宇宙与人类社会文明之间的关系;元宇宙与公共治理融合创新的应用方式。

本章笔者主要聊一下元宇宙在公共治理方面的创新与应用,包括顶层治理规则的构建、底层关键技术的创新等。

元宇宙成为政府数字化转型的新引擎,随着元宇宙技术创新和迭代,政府数字化转型进入不同的阶段。政务元宇宙是数字政府的重要形态,我们将从概念、核心要素、总体架构这三方面入手了解政务元宇宙。

第一,概念,我们认识每一个新生事物的基础就是概念。政务元宇宙在目前来看并没有一个明确的、统一的定义,但是我们通过字面意思能够直接诠释政务元宇宙。政务元宇宙是现实世界与虚拟世界共生的政

府治理新模式。简单地说，就是利用虚拟交互、人机协同、数字孪生等元宇宙技术，为政府政务提供管理和服务。

第二，核心要素，政务元宇宙是基于元宇宙技术应用于政务的模式，政务元宇宙具有五大核心要素，包括交互与数字人、虚实空间与场景、政务业务与应用、数据融合与治理、技术与装备，这五大核心要素直接构成了政务元宇宙模型。笔者将这五大要素粗略地分析一下：

（1）交互与数字人。"交互"两个字出现，就代表这一核心要素是媒介要素，不过"交互"其中一方为数字人。数字人起连接虚实空间的作用，并能够通过虚实融合的方式，为政务元宇宙提供多场景管理和服务。

（2）虚实空间与场景。说到元宇宙必然要说到虚拟空间、虚拟世界，政务元宇宙是基于现实政务体系构建起来的，实现了虚实两个世界中的信息互通。

（3）政务业务与应用。政务元宇宙和其他行业不一样，比如，游戏元宇宙可以直接在虚拟世界运行，但是政务元宇宙必须建立在现实世界运行基础上。

（4）数据融合与治理。在元宇宙中一切所及都是数据搭建，空间场景、交互活动等都以数据为表现形式。加之大数据本身就是元宇宙的关键技术，因此数据是政务元宇宙运行的重要因素。

（5）技术与装备。这里所说的技术与装备，包括5G、物联网、人工智能、云计算、数字孪生、虚实交互等元宇宙技术,这些技术目前都属于发展阶段,作为技术要素,技术和装备必不可缺。

第三,总体架构,政务元宇宙的总体架构并不复杂,总体架构与核心要素相对应,比如交互体系、空间体系、数据体系、技术体系等:

(1)交互体系。交互体系就是现实世界的人们进入政务元宇宙的入口。举个例子,我们进入互联网的入口是鼠标、键盘,我们进入移动互联网的入口是手机,我们进入元宇宙的入口将是VR、AR智能穿戴设备。

(2)空间体系。不是简单地完成虚拟空间的构建,而是一个能够提供虚实互动、虚实共生、虚实结合的空间,这一空间体系要具有政务服务场景所需的具象空间和内容承载作用,能够让用户进入空间后感受不同的服务体验,通过可视化等便捷方式获取服务,有效突破政务服务中的时空限制。举个例子,如果一个人在北京上班,公司要求这个人提交一份只能由他户籍所在地社区出示的证明,一般来说,开证明都需要本人亲自到场。这个人想要开具证明就一定要请假回到户籍所在地,但是通过政务元宇宙,他可以在北京直接开具户籍所在地的各项证明。这就是空间体系存在的重要意义。

(3)数据体系。我们说政务元宇宙的表现形式是数据,所以,数据作为政务元宇宙的资源要素需要带动政务元宇宙实现正常运转。数据体系的作用是打通现实世界与数字世界，构建数据资源中心，为上层业务体系提供数据支撑。

（4）技术体系。这一体系是元宇宙技术在政务元宇宙中的运用，比如 AR 设备、VR 设备、MR 设备、脑机接口设备是用来提升沉浸感的保障；数字孪生、人工智能技术是为了提高体验感。总之，元宇宙各项技术都能够应用于政务元宇宙，随着各项技术的不断升级，政务元宇宙为社会治理、社会管理提供更好、更优质的服务。

（5）业务体系。业务体系是政务元宇宙的内容要素，建立在现实世界政府运行基础上。简单地说，现实世界有什么样的政务服务，在政务元宇宙就会有什么样的政务服务。因此，政务元宇宙业务体系和其他元宇宙最大的不同就是必须建立在现实世界政府规则的基础上。

可以说，元宇宙产生至今，一直处于实践探索阶段，在世界范围内，每个国家对于元宇宙都持有不同的态度。政务元宇宙亦是如此，我国对元宇宙的关注度比较高，尤其是政务元宇宙方面，主要聚焦在关键技术与政务服务领域应用上。接下来很长一段时间，我国对元宇宙的态度会处于实践探索阶段。

以上所讲述的内容，是政务元宇宙的理论部分，而在了解理论的基础上，我们继续探索现实。

02 元宇宙提升服务效率——入口数字人化、空间虚拟化、场景泛在化在治理中的实际作用

虚拟空间是能够打造一个虚实联动、虚实结合、虚实共生的平台,这个平台不但具有虚拟特征,而且具备实体特征,通过虚实交互的方式给用户带来不同的政务服务体验。现实世界中的用户可以通过虚拟空间获取自己想要办理的政务信息,能够通过虚拟空间让自己超越时空限制进行业务办理。在政务元宇宙,用户不是通过没有感情的表格和枯燥冗长的文字办理业务,而是通过可视化的方式获取服务。

元宇宙想要提升政务服务效率,离不开入口数字化、空间虚拟化、场景泛在化等场景。下面笔者逐一来聊一下虚拟空间和场景主体体现的这三方面。

第一,入口数字化。政务数字化并不是近年来的新生事物,自互联网应用于政务服务以来,政府门户网站作为政务信息数据收集、便民服务平台,有效地提升了政府线上服务能力。举个例子,以前想要办理新生儿社保证必须到户籍所在地的社保局、社保所,带好资料填表办理,

现在不需要这么麻烦，只需登录相应的网站，通过线上提交资料，等待审核，审核通过后直接到社区居委会领取社保证。

所以，在元宇宙出现之前，在政务元宇宙概念未形成之前，政府也具有线上服务能力，主要表现在信息发布、解读回应、办事服务等。

政务元宇宙入口数字化的加强，将改变现存的办理模式，所有办理步骤直接以线上方式进行，不需要线下操作，因为数字人在政务元宇宙中的普遍应用，将进一步提高政府网站和政务大厅的服务临场感。比如，办理业务的用户只需要在家里，直接通过政务元宇宙进行办理，本人不需要到现场，也能获得如同在政务大厅办理服务一般的临场感。政务数字人进行接待、解答、办理，可以提升办理业务效率，减少办理时间。

数字人作为元宇宙中的个体，是信息交互的载体，在政务元宇宙中承担着联结现实世界与虚拟世界的任务，因此，政务元宇宙的入口数字化是所有虚拟服务最终落地现实的重要途径。

第二，空间虚拟化。空间虚拟化包括线下场景虚拟化、线上空间3D化两个方向。政务元宇宙不是简单的现实用户与数字人的交流、沟通，而是在元宇宙中构建更多元化的政务服务。政务元宇宙不是简单地构建虚拟空间，而是需要虚拟空间具备多元化、复杂性等特点，从而丰富政务元宇宙中的用户体验。

举个例子，政务服务大厅是现实世界中用户在线下获取政务服务的重要途径，近年来，随着政务服务大厅的服务升级，在服务大厅推出了一窗办理"最多跑一次"等便民服务模式。一个窗口直接办理所有业务，提高了政务服务办事效率。

但是，线下办理过程中仍存在很多烦琐步骤，利用全息投影、扩展现实等元宇宙技术，能够在现实世界构建虚拟场景，从而使业务办理变得更加便捷、流畅。比如，在我们进入服务大厅之后，不用自己寻找业务办理窗口，只需点击虚拟场景入口，就能够就地完成业务的办理。不过，构建虚拟政务服务大厅需要满足交互性和多感知性，从而使用户产生身临其境的感觉。

政务服务的空间虚拟化的关键在于面向用户提供服务场景，让用户摆脱传统形式柜台、窗口的办理模式，通过智能穿戴设备进入虚拟世界，在数字人的指导下，完成各类业务的办理。政务服务的空间虚拟化是在现实政务服务的基础上，结合元宇宙技术、元宇宙特征，解决用户办理业务过程中的流程烦琐、过程复杂等问题，为用户提供多元化、多层次的服务体验。

第三，场景泛在化。什么是"泛在化"？泛在化指的是无处不在的智能化网络，智能化网络通过传感智能芯片连接万物，就把整个世界网络化，而且能够随时随地采集数据，根据数据变化调整自己状态向外界发出信号和需求。简单来说，泛在化的要点就是世界万物都在智能化、网络化、主动化，因此，有一个观点称泛在化实际上就是无处不在的物联网。

政务服务场景应加强泛在化，实际上就是政务服务场景应该做到无处不在，更加智能化、网络化，以万物为数据，通过对数据的收集、分析、学习，进而调整。

在这里，人、人的思维、人的记忆都以数据的方式呈现，数据是构建虚拟世界的关键要素，数据能够超越人类获取信息的物理限制，把经过加工的数据再次推送给用户，用户就可以在任何介质中获取政务服务。换句话说，就是每一个人都有属于自己的单独数据，这些数据被收集、分析之后，再按照不同的业务内容推送给每一个人。比如，我们办理一张信用卡，需要设置自己的用户名和密码、填写自己的个人资料，个人资料里有自己的生日等信息，每年到生日这天，信用卡发卡行会通过短信、邮件等方式自动发生日祝福。

在元宇宙，我们将进入一个人机交互时代，场景泛在化也将成为未来社会的一个突出特征。我们通过元宇宙的全新视角来理解和定位政务服务，会发现服务将无处不在、无时不在，作为用户，我们能够随时随地地享受服务。举个例子，我们现在办理业务，大多都需要在工作日，政务服务场景泛在化的存在，能够让我们在周末及节假日仍能办理业务。

入口数字化、空间虚拟化、场景泛在化是网络科技发展推动社会进步带来的客观变化,也是政务服务发展的必然方向。

03 政务元宇宙的政务服务应用——从元宇宙应用场景看政务改革

之前笔者阐述了,政务元宇宙和游戏元宇宙不同,政务元宇宙是建立在现实世界政府运行的规则、基础之上,是现实世界政府业务模式的创新与升级,是一种数字化转型的表现。本节笔者将从政府智能这一方向提出政务元宇宙的实际应用。这其中包括政务元宇宙在经济调节、适航管理、社会管理、公共服务等多领域的应用。简单地说,就是政务元宇宙在基层政府场景中的应用。

对于政府基本职能,政务元宇宙能提供怎样的场景应用?笔者从以下六个方面进行浅显的介绍:

第一,履职方式。政务元宇宙是基于现实世界政府职能、规则,所以政务元宇宙中每一个场景都对应现实世界的职能。现实世界中,不同政务领域和部门职能的业务各有不同,但是履职方式都需要涵盖运行、决策、服务及监管,并且,长期以来,我国各级政府不断利用互联网技术、信息技术提升履职能力，实现高效协同。

政务元宇宙包括三种形态：其一，数字孪生技术支持下的数字人、虚拟场景，通过数字孪生技术将现实世界服务大厅复制到虚拟空间，打造一个与现实世界服务大厅一模一样的虚拟服务大厅；其二，通过大数据、物联网等技术，将现实世界用户信息数据进行收集、整合、分析，再推送至用户，这一形态主要是服务于业务办理，能够做到精准服务，提升用户业务办理的体验感；其三，利用元宇宙技术，通过多场景应用，实现政务元宇宙泛在化，让政务元宇宙渗透于我们生活、工作中的各个方面，实现现实政务服务与虚拟空间场景服务高度融合，使政务元宇宙能够实现下达更合理决策、推广更便捷服务、做到更精准监管等。

第二，经济调节。各级政府利用政务元宇宙对经济运行进行检测。经济调节是政府职能中的重要部分，一般有货币政策、财政政策。政府采购是政府实现经济调节职能的重要手段。

政府采购，顾名思义，就是各级政府为了开展日常政务活动或为公众提供服务，在财政监督下，以法定的方式、方法和程序，通过公开招标、公平竞争，由财政部门以直接向供应商付款的方式，从国内、外市场上为政府部门或所属团体购买货物、工程和劳务的行为。目前政府采购都由政府相关部门进行，但是，政务元宇宙可以通过更多虚拟场景的推演，通过大量数据收集整合及分析，进行政府采购。

举个例子，某政府部门需要购进台式电脑，可能会通过招标的方式，选定一个或几个品牌的不同型号的电脑，根据所需数量进行采购。但是通过元宇宙大数据等技术进行采购时，可以省略前期调研的步骤，直接通过网络联网进行数据收集，得出需要购置电脑的台数及型号，直接采购。节省了该部门采购方面的人力、物力，大数据分析能够给出最优化的采购方案。

第三，市场监管。市场监管方面还是需要元宇宙大数据技术建立大数据综合分析模型，通过对重点领域的数据监测、数据对比等，对经济进行检测、研判，提高监管即时性及准确性。政务元宇宙利用虚实结合的方式进行监管，从而提高监管的灵敏性和精准性，并且能够实现从点到面，从一到多的联动监管，最终实现更规范、更精准、更及时、更智能的监管模式。

第四，社会管理。政务元宇宙通过数字孪生技术，将现实世界复制成虚拟世界，就像汽车导航一样，现实世界的每一条路、每一个路口、每一个红绿灯以及这座城市的每一栋楼、每一个商铺等都展现无遗。各级政府通过对虚拟城市运行的了解，实现对城市运行的管理和治理。

举个简单的例子，某城市要拆除一部分居民用地改为绿化用地，就是将某一处改成一个大型公园，为城市居民增加休闲娱乐场所。但是，这块地方选在哪里却是一个难题，是选择拆除城市东边的三个村子，还是选择拆除城市南边的一处老旧小区呢？这时候通过在虚拟城市的演示，或许能获取最优解决方案。

所以，政务元宇宙能够实现城市运行的全面感知和动态治理，推进城市整体性、精准性的治理与发展。让每一座城市都有效地进行规划，最终让城市规划最大受益于管理、发展。

第五，公共服务。目前公共服务就是教育、医疗等服务领域。元宇宙在教育、医疗等领域都有杰出的表现，上述几章内容都大概地阐述了元宇宙教育、元宇宙医疗的介入与发展。对于各级政府来说，在公共服务中应用元宇宙技术，能够为办事人提供全面的服务，比如，政府部门能够通过元宇宙对突发公共卫生事件等进行早期监测预警。

第六，生态环境保护，政务元宇宙对于生态环境保护有更为直接、积极的作用。元宇宙所搭建的虚拟世界一个可视化世界，也就是说，在虚拟世界里，我们能够一目了然地看到各个地域中生态环境的现状。

政务元宇宙出现后，能够让各级政府环保部门直观看到生态环境现状，有利于加大城市环境保护，从而实现生态环境的实时感知、全面互联、多元共治等生态环境治理。

由此可见，政务元宇宙在政府基层管理过程中起到了重要作用，利用政务元宇宙的虚拟特性，政务智慧治理能力也将上升到一个新的台阶。所以，虚实共生的政务元宇宙新模式，将为政府的创新常态化、开放化、智能化提供源源不断的内生动力。

04 元宇宙城市与社区管理——元宇宙城市空间规划与社区建设

政务元宇宙的最终目的是要服务政府对城市的规划与管理，在政务元宇宙中，数据与业务高度融合，技术作为业务的核心支持，旨在打造出数字化社会管理模式，实现城市管理、社区管理的协同管理及治理。

第一，城市管理与规划。说到元宇宙技术应用在城市管理与规划这一方向，就不得不提近几年我国智慧城市建设浪潮。智慧城市是指在城市规划、设计、建设、管理与运营等领域中，通过物联网、云计算、大数据、空间地理信息集成等智能计算技术的应用，使得城市管理、教育、医疗、房地产、交通运输、公用事业和公众安全等城市组成的关键基础设施组件和服务更互联、高效和智能，从而为市民提供更美好的生活和工作服务，为企业创造更有利的商业发展环境、为政府赋能更高效的运营与管理机制。

但是，在建设智慧城市过程中，可能会因为城市规划布局的一改再改，导致很多资源浪费。举个例子，某小区附近有一个农贸市场，但是新的城市规划决定在农贸市场这块地搭建运动场所,于是,农贸市场改为运动场馆,篮球、羽毛球、乒乓球各是一个场馆。但是,因为各种客观原因,运动场馆并不能被充分地使用。于是,运动场馆被拆除,空了两年,至今没有任何规划。

在城市规划中如何能够充分利用资源,如何将商业建筑、城市广场、社区街道、景观绿化、运动健身场馆等规划好,使得土地充分利用,能够建成居民宜居、宜生活、宜工作的智慧城市,成为城市发展的重点。

利用数字孪生技术和三维可视化技术,能够将现实城市复制到虚拟空间,在虚拟空间进行规划、推演,直观地感受城市规划对整座城市、对城镇居民的影响。

在虚拟空间的城市里进行规划,最终得到最优规划方案,才能使得现实世界的城市一步到位,减少资源浪费。在通过政务元宇宙形成多套城市规划方案后,选择最优进行城市规划,最大限度提高了城市空间规划的管理能力,同时,有效保护了城市中古建筑、基本农田等。并且,不需要重复规划—建设—拆除—再建设这样的恶性循环,对于构建节约资源、生态保护的空间起到很大的作用。

第二,社区管理。社区是城市的基本组成部分,社区管理面向城市人、车、公共设施。近几年,与兴起的智慧城市对应的便是智慧社区。智慧社区是指通过利用各种智能技术和方式,整合社区现有的各类服务资源，为社区群众提供政务、商务、娱乐、教育、医护及生活互助等多种便捷服务的模式。从应用方向来看，"智慧社区"应实现"以智慧政务提高办事效率，以智慧民生改善人民生活，以智慧家庭打造智能生活，以智慧小区提升社区品质"的目标。

举个例子，在20世纪90年代，人们居住的小区单元是没有门的，大家直接进单元楼即可。随着科技的发展，或者说城市的发展，每个小区的单元楼安了一个门，最初的单元门是通过钥匙进入，慢慢地钥匙变成了一个小小的磁扣，这时人们的单元门只要有磁扣就能进入单元楼。智慧社区的单元门不再是一个小磁扣就能打开的，而是需要更高级的打开方式，如面部识别，这时候单元门被称为智慧门禁。

面部识别进入单元楼为什么比用钥匙、磁扣更加安全呢？因为钥匙、磁扣等都可以直接配置，但是，面部识别是不一样的，面部识别需要提前到物业或者社区居委会进行办理，带上房产证等有效证件，通过人脸识别系统，直接录入电脑智慧门禁系统。录入之后，住户可以直接通过人脸识别进入单元楼。与用钥匙、磁扣打开单元门相比，智慧门禁更智能、更安全。

除此之外，利用元宇宙技术，社区可以实现对人员、车辆信息的采集管理。而且，数字孪生技术的使用，将现实社区的布局、结构直接复制到虚拟空间，通过虚拟空间的可视化管理，能够对社区的电梯、路灯、下水道、水池等公共设施进行监控，定时检察，发现问题及时修理。这一点无须多说，很多智慧社区都是利用数字孪生技术对社区进行管理，统一收集所有设备信息，每个画面、每组数据都展现在数字孪生技术构建的虚拟社区上，能够及时发现潜在风险，并及时采取制止措施。

所以，智慧社区有利于提升社区管理服务水平，并且，在社区治理方面，通过元宇宙技术形成了多元共治的社区治理局面。我们简单来看一下：

数字孪生技术支持的智慧社区能够在虚拟平台形成实景立体地图，整个社区人口、设施等一览无余，有利于管理者对社区进行统一管理。

社区能够通过标准化运行和扁平化管理，及时发现社区内存在的问题和隐患，及时进行管理、处理，更有效地保障居民的生活。

保障社区居民安全，通过可视化技术，对社区内实时监控，只要发现任何疑点都会发出预警，最大限度地保障居民安全。

城市是人类发展的产物，社区是城市的基本组成部分，城市由大小不一的社区组成。智慧城市、智慧社区是元宇宙城市、元宇宙社区搭建的第一步。通过元宇宙技术，以为社区居民服务为核心，为居民提供安全便捷生活服务为诉求，政务元宇宙将全面满足城市居民的生存与发展，建设高度发达的城市服务、社区服务。

小结——一切都在发展中不断完善

元宇宙出现至今，备受资本的关注。元宇宙的发展离不开资本的推动，资本对于元宇宙来说是一把"双刃剑"。

一方面，元宇宙借助资本，使数字孪生、AI、XR等技术快速更新迭代，从技术上直接推动元宇宙发展；另一方面，元宇宙的发展受到资本的裹挟，被资本桎梏。

从元宇宙的发展历程可以看出，一切都在发展中不断完善。

元宇宙概念从艺术作品中"走"出来，先是被当作"游戏"的附属概念，慢慢形成了"元宇宙必然不等同、不局限于游戏"的概念。然而，纵然概念有所改变，可在大多数人看来，仍将游戏产品视为元宇宙集中发力的市场。因此，摆脱认知局限性，是元宇宙未来较长时期的"任务"。

本文对元宇宙所涉及产业未来的阐述，实际上也是希望通过应用场景让元宇宙逐渐摆脱"沉浸式游戏"的束缚。不过，在元宇宙生态体系中，包括AI芯片、高端传感器、触觉设备等在内的硬件开发是元宇宙产业链上最重要的环节,也是产业链上增值效应最大的环节。

无论元宇宙具有多么广阔的发展前景,我们必须认识到,元宇宙高端硬件领域需要更高的技术,并且技术积累周期长,想要攻克技术和产业"高地"仍需要长期的技术升级。

世界各国对于元宇宙有不同的态度,从本文中我们可以看到,日、韩等政府释放出大力推动元宇宙发展的政策信号,而美国、德国等科技大国迄今为止还没有发布元宇宙的发展战略或专项计划。我国虽然在大数据、5G、人工智能、物联网领域发展迅速,技术密集布局,但对元宇宙还是采取"静观其变"的态度。

因此,我们不难得出元宇宙存在"泛化及其发展不确定性"的结论,我们必须正视元宇宙在发展过程中的不确定因素。不过,元宇宙毕竟是新事物,在科技、秩序、规范、监管等方面还处于逐步完善阶段。

当前,元宇宙正处于"风口"。众所周知,当话题不断的素材被资本追捧时,极易成为泡沫。所以,入局元宇宙后是"蹭热度""赚快钱",还是前瞻布局、持之以恒创新,则考验着投资者的视野和战略定力。